高等学校"十四五"学前教育专业精品教材

学前教育专业师范生实践教育指导

甄丽娜 编著

南京大学出版社

图书在版编目(CIP)数据

学前教育专业师范生实践教育指导 / 甄丽娜编著
. —南京：南京大学出版社，2023.8
ISBN 978-7-305-27054-3

Ⅰ. ①学… Ⅱ. ①甄… Ⅲ. ①学前教育－高等职业教育－教材 Ⅳ. ①G613

中国国家版本馆 CIP 数据核字(2023)第 095018 号

出版发行	南京大学出版社
社　　址	南京市汉口路 22 号　　邮　编　210093
出 版 人	王文军
书　　名	**学前教育专业师范生实践教育指导** Xueqianjiaoyu Zhuanye Shifansheng Shijianjiaoyu Zhidao
编　著	甄丽娜
责任编辑	丁　群　　　　　编辑热线　025-83597482
照　　排	南京南琳图文制作有限公司
印　　刷	江苏扬中印刷有限公司
开　　本	787×1092　1/16　印张 9.5　字数 215 千
版　　次	2023 年 8 月第 1 版　2023 年 8 月第 1 次印刷
ISBN	978-7-305-27054-3
定　　价	38.00 元

网址：http://www.njupco.com
官方微博：http://weibo.com/njupco
微信服务号：NJUyuexue
销售咨询热线：(025) 83594756

＊版权所有，侵权必究
＊凡购买南大版图书，如有印装质量问题，请与所购
　图书销售部门联系调换

前 言

实践教育是学前教育专业师范生人才培养的重要组成部分，对学前教育师范生职业理想与信念、幼儿园保教知识与能力等综合素养提升具有独特的价值。实践教育能使学生全面了解幼儿教育工作的特点与性质，积累关于幼儿园教育实践经验，并逐步形成幼儿园教育实践能力，成为未来幼儿园优秀的教育决策者和实施者。

本教材能够帮助学前教育师范生认同学前教育专业的强实践性特点，了解学前教育专业全程实践的内涵和意义，同时可以帮助学生熟悉各类实践教育活动的目标、形式、内容和方法等。学生在充分认识到实践教育的重要性和各个阶段实践任务的目标和内容后开展实践，可以提升其实践的主动性和规划性，有效提高实践教育的效果。本教材针对学生进入幼儿园实践场后面临的主要实践任务，包括幼儿园集体教学活动设计与实施，幼儿园生活活动组织与实施，幼儿园游戏活动观察、记录与支持，幼儿园环境创设等提供实践任务清单、观察记录工具表、反思表、实践操作要点等操作性非常强的工具，学生根据这些工具表能够完成由理论到实践、由笼统到细致、由抽象到具体、由单一观察到多角度综合观察与支持的实践反思学习。同时，本教材能够帮助学前教育专业实践指导教师及幼儿园一线实践导师规范实践教育指导，明确实践教育指导和评价标准，提升协同育人效率。

希望《学前教育专业实践教育指导》能够伴随学前教育师范生从入学到成为合格的幼儿园教师的成长。

甄丽娜
2023 年 8 月

目 录

理论部分

第一章 学前教育专业师范生实践教育内容体系的建构与实施 ········· 1
  第一节 实践教育内容体系化建构是高校课程改革的必然之路 ········· 2
    一、"实践"之于"准幼儿教师"的价值 ········· 2
    二、实践教育体系的内涵及特点 ········· 3
  第二节 实践教育内容体系化构建的依据 ········· 6
    一、理论依据 ········· 6
    二、实践依据 ········· 9
  第三节 实践教育体系的构建与实施 ········· 11
    一、实践教育体系主体的构建 ········· 11
    二、实践教育体系目标的构建 ········· 12
    三、实践教育体系内容的构建 ········· 15
    四、实践教育体系考核评价机制的构建 ········· 16
    五、实践教育体系保障机制的构建 ········· 17
  第四节 幼儿园实践教育的内涵及目标 ········· 17
    一、幼儿园教育见习的含义和作用 ········· 17
    二、幼儿园教育实习的含义和作用 ········· 20
    三、幼儿园全程进阶式见习和实习的目标 ········· 22

实践部分

第二章 幼儿园一日生活活动实践 ……………………………………… 25
    一、幼儿园一日生活活动组织与实施的观察、记录与反思 ………………… 26
    二、幼儿园一日生活活动中幼儿行为观察、记录与反思 …………………… 30
    三、幼儿园一日生活活动流程的设计原则 …………………………………… 36
    四、幼儿园一日生活各环节的设计及保教指导 ……………………………… 38

第三章 幼儿园集体教学活动实践 ……………………………………… 51
    一、幼儿园集体教学活动实践内容 …………………………………………… 52
    二、幼儿园集体教学活动组织与实施的操作要点 …………………………… 70

第四章 幼儿园区域活动实践 …………………………………………… 85
    一、幼儿园区域活动实践内容 ………………………………………………… 86
    二、幼儿园区域活动组织与实施的操作要点 ………………………………… 95

第五章 幼儿园户外活动实践 …………………………………………… 103
    一、幼儿园户外活动实践内容 ………………………………………………… 104
    二、幼儿园户外活动组织与实施的操作要点 ………………………………… 110

第六章 幼儿园环境创设实践 …………………………………………… 113
    一、幼儿园环境创设实践 ……………………………………………………… 114
    二、幼儿园环境创设组织与实施的操作要点 ………………………………… 120

第七章 见习与实习中的观察与记录 …………………………………… 123
  第一节 观察的基本程序和方法 ………………………………………………… 124
    一、观察的基本程序 …………………………………………………………… 124
    二、观察与记录的常用方法 …………………………………………………… 127
  第二节 不同组织形式的活动环节中的观察内容 ……………………………… 132
    一、观察与记录儿童在生活活动中的行为 …………………………………… 132
    二、观察与记录儿童使用材料的情况 ………………………………………… 135
    三、观察与记录儿童社会交往行为 …………………………………………… 138
    四、观察与记录师幼互动行为 ………………………………………………… 140
    五、观察与记录儿童游戏时的情况 …………………………………………… 140

主要参考文献 …………………………………………………………………… 143

理论部分

第一章 学前教育专业师范生实践教育内容体系的建构与实施

> 学前教育专业是为学前教育事业的发展培养合格的幼教师资,课程是实现培养目标的中介,实践教育作为教师教育课程的有机组成部分,是实践性课程的核心部分。学前教育专业全程化教育实践是在传统教育实习的基础上发展而来,以系统论、认知心理学和社会学习理论为基础,以"准教师"的内部认知规律、专业成长规律、幼儿教师专业素养要求和教育事业对幼教人才的需求为导向而设置的促进"准教师"专业发展的实践教育,使"准教师"进入真实的教育情境中观摩、协助、参与、实施和反思教育教学活动,依托本科人才培养方案从全程化系统的视角在学生整个专业学习过程中渐进地设计安排教育实践课程。

第一节　实践教育内容体系化建构是高校课程改革的必然之路

一、"实践"之于"准幼儿教师"的价值

实践作为一种古老的学习方式,在教育领域已经存在了数千年,至今依然保持着旺盛的生命力。国内外众多教育家都有过实践教学的思想。18世纪法国教育家卢梭主张学生应该"到大自然中去,通过身体锻炼、观察事物等行为,获得经验、吸取教训",其原因主要在于实践效果明显好于听讲。美国教育家杜威提出的以"做中学"为核心的实用主义教育思想对实践教学理论进行了系统的阐述。裴斯泰洛齐强调教学与手工劳动相结合,视学习为自我实践的过程。他认为没有实践学生就难以获得生动的感觉印象,难以理解文字、符号所代表的实际意义。因此,裴斯泰洛齐反对以教条的讲解来开展教学,强调多感官学习。陶行知先生在"生活教育"理论中提出"教学做合一"思想。"教学做"思想可以理解为:怎样做便怎样学,怎样学便怎样教,教法、学法和做法应当合一,"做"是学的中心,也是"教"的中心。陈鹤琴先生的"活教育"思想也蕴含着实践教学的理念。他指出:要利用大自然、大社会,作为活教材,要在做中做,在做中学,在做中求进步。

实践是学生在教师指导下以实际操作为主,获得感性知识和基本技能,提高综合素质的一系列教学活动的组合。顾名思义,实践教学本身就具有很强的实践性特点,它以培养学生的实践能力为目标,需要实验室、实习基地、各种仪器设施的条件保证。实践学习与理论学习同样,是由教师、学生、课程(包括目标、内容、授课方法、评价方法和条件)等要素构成的。

对全程化实践学习而言,"实践"也有其核心概念。根据马克思主义的观点,所谓实践是主观见之于客观的活动,是人的主观能动性的具体表现,其目的是变革自然或者社会。"人是环境和教育的产物,环境是由人来改变的,而教育者本人一定得受教育。"从这个意义出发,任何教学实践活动都应是在教育理论指导下的行为过程,否则只能称之为"活动"或者"行为",而不能称之为"实践"。由此,全程化实践教学必须包含必要的、科学的、系统的学前理论知识,同时还必须尊重学生自身状况及发展前景,正如现象学派学者麦克欣尼·格林曾指出的那样,教育者既应从所教科目的学科立场出发理解教育过程,也要学会从学习者的生活经验出发看待教育过程,才能实现人才培养目标。

具体针对学前教育专业师范生教育而言,贯彻"全程化实践"的理念,即是要将实践教育工作贯穿于学生从入学到毕业的全部学习过程,同时融入幼儿园教育教学的整个流程,使其呈现出实践内容全程化、实践场所多元化、实践方式多样化、实践导师多人化的特点,最终全力实现"教学实践时段"与"实践教育内涵"的"双全程化"。这将使全程

化实践教育中的"实践"达到实质性的实践层面,而不是停留在一般的模仿性活动或重复性行动层面,"准教师们"在幼儿园里不再是一个"观察者"或"听做者",而是真正从事大量幼儿园保教实践活动的"实践者",从而切实锻炼和提高学生的保教实践能力。

二、实践教育体系的内涵及特点

(一)实践教育体系的内涵

实践教育体系化,就是将幼儿教师专业发展全程化中所有实践环节作为一个整体来系统定位、统筹安排。实践教育内容体系中的实践环节主要包括学前教育专业中通识课、专业基础课、专业核心课、选修课的技能操作,以及各学期安排的见习实习、短期的社会实践、寒暑假社会实践、毕业前综合实习及毕业论文等所有培养幼儿教师操作技能和智慧技能的课程教学环节。实践教育内容体系化构建的基本主张是要求师范生开展全程化实践。所谓全程化实践就是实践要素诸方面在时间上要全程化延通,在空间上要全方位拓展,在内容上要全面整合,在理念上要全息浸透,在课程体系上要全面统整。这种全程化实践的教育理念重视实践统整境遇下的实践洞察与顿悟;重视实践中的反思和反思中的知识重组重构;突显实践是学习主体内化、重构知识的前提、中介和归宿。

全程化实践教育理念提出的深层背景是当代教育观,特别是知识观、学习观的重大转变,是建立在当代新的学习理论基础上的,其中建构主义学习理论、情境学习理论和认知神经科学的神经建构理论是其最重要的思想来源。全程化实践实质上是一种促进幼儿教师专业成长的课程设计、课程实施的思维方式和操作路径。全程化实践教育设计理念,在职前教师教育中,将"准教师"专业发展全程化中所有实践活动作为一个整体进行系统定位、统筹安排。全程化实践理念下的实践课程既是一种课程设计思路,又是一种实施策略,这种理念下实践教育的理想追求在于使"准教师"在步入教学一线之前就获得教育实践性知识和实践智慧,促进"准教师"专业成长。

(二)实践教育体系的特点

1. 全程化

幼儿教师的专业发展是一个螺旋式上升的循序渐进的过程,教师职业所具备的专业知识与专业素养并非一蹴而就,而是在长期的幼儿园教育实践过程中日积月累而形成的。因此,高等师范院校应系统考虑与规划足以支撑未来幼儿教师专业发展的教育实践课程,特别是要考虑学生处于教师专业化的奠基和准备阶段,应给予其全面的、有力的、持续的实践教育的支撑。具体而言,学前教育专业职前教师教育要规划和实施具有一种长效机制的教育实践课程,在注重教育理论课程的同时,将实践教育贯穿于学生专业学习生涯的始终,在学生学习的各个阶段将实践教育不间断地穿插其中,即让学生从入学初始阶段到结束阶段的全过程,都能参与幼儿园教育实践的各个相关课程环节中,给学生最充分的、更深入的幼儿园教育实践体验。由此,学前教育专业实践教育首先应具有全程化特点,从最初的对幼儿园教育实践的观摩感知到模拟实训再到尝试实践,从对幼儿园教育的单项实践到局部整合实践再到最后的全面综合实践,学生在整个大学学习期间能够以不同的方式和手段全程参与幼儿园教育实践。这样,可将实践教育和理论课程的学习进行内在的结合,促进学生理论学习与教育实践间的交互作用,运用知识训练技能,循序渐进地持续提升学生的幼儿教育专业素养和能力。

为此,高等师范院校学前教育专业要建构与现代幼儿园培养目标相适应的、以幼儿教师教育能力为核心、与幼儿教育理论课程体系相辅相成的全程化教育实践课程体系,将实践教育课程贯穿于学生整个四年的专业学习过程中,有序地实施,从集中走向持续,努力形成幼儿园教育见习、幼儿园教育实习、课程见习和幼儿园教育研习四方面内容相互衔接的"无缝式"的实践教育体系。"全程化"实践教育体系强化了职前教育中幼儿教育理论与教育实践的有效整合,使学生在多样的、持续的、递进的幼儿园教育实践中提前进入教师角色,全方位训练和提高幼儿园保教实践能力。"全程化"的实践教育体系与学前教育专业学生职前教育的全过程相随相伴、水乳交融,给学生提供更充分、更系统、更完整的幼儿园教育实践观摩和锻炼的条件和机会,使学生能够在学习的不同阶段观摩幼儿园教育活动,感知、体验和深化对幼儿教育本质的理解,积累和获得幼儿园教育实践知识和技能,为日后的专业化发展奠定扎实的基础。

2. 系列化

学前教育专业实践教育除了全程渗透的特点外,还具有系列化的特点。即配合全程化实践教育的开展,实践教育的各组成部分有序地分层推进,在注重实践教育连贯性、持续性的基础上,注重实践教育内容的递进性,形成系列化的课程内容,注重学生个体对知识技能接受和运用的渐进过程和个体从学生角色到教师角色的转变过程。

高等师范院校学前教育专业必须遵循教师专业化发展的规律,以实践教育体系为桥梁,根据实践教育课程实施的不同阶段,同步安排相应的针对性强、目标明确、有梯度、有层次的幼儿园实践内容,遵循由浅入深、由易到难、由简到繁的完整实践过程。系列化的实践教育课程能够让学生从开始的"看中学""学中做""做中学"再到最后的"教、学、做一体化",不断积累对幼儿园实践工作的情感、态度、经验与技能。与此同时,也能让学生循序渐进地奠定未来教师专业发展的基础,推动未来教师专业发展的进程。

3. 临床化

借鉴医学界的临床实践模式,我们认为教育工作是一个类似于医学、护理或临床心理学的实践专业,幼儿园教师的工作性质与医生相类似,都需要有较强的实践能力。其专业学习都具有综合性、技能性和实践性等特点,因此学前教育专业的实践要体现临床化的特点,将幼儿园教育现场视为"临床",将幼儿园教育现场的观摩与实践视为医学界的"临床"指导,让学前教育专业教育实践课程的各个环节成为学生积累幼儿园教育教学"临床"经验的重要途径。学前教育专业学生需要在幼儿园真实的教育情境中,将所学的幼儿教育理论知识运用于幼儿园的教育实践中解决实践问题,并从不断积累的经验中学习和获得从事幼儿园保教工作的实践知识和专业能力。高等师范院校学前教育专业要实施"临床实践学习"为取向的实践教育，使实践教育在真实的幼儿园教育情境中进行，以幼儿教育实践的现实问题为中心，以解决幼儿教育实践的真实问题为宗旨，帮助学生积累幼儿园教育实践经验和真实体验幼儿园教育实际操作的过程，以形成学生综合判断与灵活运用专业知识和技能的素养，培养满足幼儿园教育实践需要的、具有"临床"实践经验的应用型专门人才。

4. 反思性

幼儿园实践教育首先是要帮助学生"掌握一般化的程序、技术、原理，寻求应用这种程序、技术、原理于各个课堂之中"，但实践教育不能只止于师徒制中的示范和模仿，还需将理论与实践紧密融合。随着教师专业化的推进，人们越来越意识到教师专业发展的过程不是简单的"职业化"过程，否则准教师会仅限于通过实习寻求一般性教育技能的获得，从而丧失未来专业发展的动机和能力，阻碍专业素养的培养。教师专业发展不能仅仅理解为线性的知识、技能的积累，发展不是依赖于外在的技术性知识的灌输而被塑造，而是一种自我理解的过程，即通过反思性实践变革自我、自主发展的过程。也就是说，教师实践知识的增长必须经由教师的反思方能实现。

学前教育专业实践教育不能仅仅满足于将教育目标定位在"使师范生把平时在学习中所获得的知识和技能综合地运用于保教实践中，使他们初步具有在幼儿园独立从事保教实践工作的能力"，不应将幼儿园教育实践的目的窄化为对学前教育专业师范生保教实践能力培训的"工匠化"模式，而是要实施以主体反思为特点的"研究性"模式，注重培养学生对幼儿园教育实践的观察、分析和行动决策能力以及对幼儿园教育教学进行反思和改进的能力。

5. 指导性

在实践教育中，指导直接关系到学生能否快速地适应和驾驭教育实践，进而关系到实践的质量与效果。高等师范院校要重视对学生实践教育的指导工作，加强全程化实践教育的指导力量，加深学生对教师角色的深刻体验，为未来教师的专业发展提供支撑。指导教师是促进学生提升实践学习质量不可或缺的重要因素，师范生快速成长为合格教师的前提是有能够引导他们实践，并已经掌握专业理论知识与技能的指导教师。教育实践的指导教师一般由高校指导教师和幼儿园实践指导教师两部分组成。高校教师应与幼儿园教师构建学习共同体，形成多渠道交流平台，实现实践共同体的多方交流、共同成长。此外，高等师范院校要加强实践教育管理，建立幼儿园指导教师资格选拔制度，综合考虑教师的教龄、文化程度、职称、指导经历以及教育实践经验等因素，明确指导教师的选拔标准。要尽量选择有较高专业素养和丰富实践教育指导经验的幼儿园教师担任学生实践指导教师。高等师范院校可尝试建设满足师范生专业发展需要的高水平"指导教师资源库"，在指导教师配备上力求做到满足数量、保证质量。

6. 衔接性

在当前职前教育、入职培训与在职提高三者联动的一体化教师教育政策下，学前教育专业实践教育要考虑与职初教师入职培训内容的衔接,为入职工作提供更高的起点,帮助未来的职初教师迈好专业发展的第一步。具体而言,职前实践教育要着眼于培养学生幼儿园保教工作的感性认识和体验,培养关键的、合格的幼儿园保教实践能力,夯实基本的专业素质。

第二节 实践教育内容体系化构建的依据

一、理论依据

(一)"准教师"专业社会化理论

19世纪90年代中期,德国社会学家齐美尔首次提出"社会化"这一概念,个体社会化是一个人从生物体的自然人转变为社会人的历程。现代社会学研究的个体社会化包含从少年儿童时期社会化发展到成年期、老年期的社会化问题,成人社会化最为重要的是职业社会化,如医生、律师和教师的职业社会化。教师职业社会化又称为教师专业社会化,是指在教师职业生涯发展中,个人获得教育专业知识和技能,内化教育职业规范、价值和伦理,建立和发展职业自我观念,表现职业角色行为模式,逐渐胜任教师专业角色的过程。在此过程中,个体在知识、经验、能力和个性等方面不断适应教师这一特殊社会角色①,教师由"普通人"逐渐成长为"教育者",并最终成为教师专业共同体中的一员②。教师专业社会化的历程,伴随着整个教师职业生涯发展的过程,分为职前教师教育培养、入职教育和职后培训以及任教过程中各教育阶段的专业社会化。相应地,"准教师"通过教师教育由学生成长为学前教育工作者,是教师角色习得的起始阶段,也是教师专业社会化的起点。"准教师"进入教育实践情境,要承担双重角色,既是施教者又是学习者。这种角色转化的成败对教师未来的专业社会化有着决定性的影响,如果能成功地完成这种角色转换,其未来职业胜任期就相对缩短;反之,其职业效能感就可能受到影响,有碍其未来职业发展。因此,要重视培养"准教师"的专业社会化,养成成熟稳定的职业态度,在教育实践课程的各类活动中,增强"准教师"的专业技能和教育机智。教育实践课程的种种经验对"准教师"成长与发展的影响是巨大的,"准教师"在体验真实的学前教育情境后,无论在对待幼儿的态度或教师角色观念上都有逐渐从理想的专业认知转为实际情境的倾向。

推进教师专业社会化主要通过"准教师"个人的主观努力,以及社会和教师群体为其实现角色社会化创造良好的客观环境和条件。研究已证实,来自教师教育的"正式课程",特别是各种教育理论课程对"准教师"专业社会化的进程与目标实现并没有显著影

---

① 殷建华.基于生命周期理论视角的教师专业社会化探析[J].江苏教育研究,2009(10):13.
② 张晓贵.论教师社会化研究的意义及其方法[J].外国教育研究,2004(10):53.

响,而来自教育实践课程的隐性因素——高校和幼儿园的文化氛围、实习环境、实习学校的管理者、实习班级的学生、同辈团体等,特别是教育实践课程指导教师的理念、言行、指导方法、态度和能力水平却能对"准教师"的专业社会化产生重大影响[①]。而这些因素都要依靠实践课程得以体现。

(二)反思性实践理论

学者唐纳德·舍恩长期致力于学习过程的研究,在分析建筑师、设计师、管理者等专业实践案例的基础上,提出了以行动中认识(knowing-in-action)、行动中反思(reflection-in-action)为特征的反思性实践(与"技术理性"相对)认识论。其主要观点是:实践情境往往是非常复杂的,目标和解决问题的方法很少是明确的,固定的科学手段技术很难解决面临的问题,解决方法只能在行动中反思,在特定的具体情境中反思对话而来,在行动中形成个人的实践知识。个人实践性知识是专业实践者在专业实践活动中对活动进行反思而获得的知识,是由"反思性实践"活动来澄清、验证和发展的知识,常常隐含在实践者面临不确定、不稳定、独特而又充满价值冲突的情境时所表现出来的那种艺术和直觉过程中。美国学者波斯纳经过研究,提出教师成长公式:经验+反思=成长,认为没有经过反思的经验是狭隘的,只有通过自身的反思,教师的经验才能上升到一定的高度并对后续的行为产生影响。鉴于反思对实践、对人的成长具有的重要意义,20世纪90年代以来,反思性教师教育成为世界教师教育思想的主流。反思能力和品质是促进教师专业成长的关键因素,培养反思能力日渐成为教师教育的目标之一,教师教育发展越来越走向培养反思性教师。"准教师"作为学习的教育实践者在特定幼教情境中发展起来的解决问题的办法以"案例"的方式保留在自己的印象中,当面临新问题时将其看成熟悉的问题,不断建构复杂情境中问题解决策略,积累着个人"行动性知识"。

实践教育课程是"准教师"专业实践的起点,培养反思能力和品质是其教育实践课程目标的重要内容,反思性理念应渗透到教育实践活动中,注重培养"准教师"观察、分析和行动决策能力,反思和改进教育教学的能力,以及对教育实践活动的社会和个人价值等问题进行探究和处理的能力。"准教师"在与指导教师的实践教育互动中不断积淀自己的专业素养。"准教师"进入教育实践情境,就是处于"不确定性、不稳定性、复杂性、独特性和价值冲突性"的情境中的实践学习者,"准教师"的教育教学实践就是一种反思性实践。

(三)学前教育教师素质结构理论

林崇德教授根据理论研究和实验研究的结果提出,所谓教师素质,就是教师在教育教学活动中表现出来的,决定其教育教学效果,对学生身心发展有直接而显著影响的心

---

① 张皓.学前教育专业全程教育实践课程建构的研究[D].重庆:西南大学,2018.

理品质的总和。① 基于客观实践与具体操作的考虑,要确定教师素质的内涵和外延时,既要考虑其先天禀赋和心理品质,又应客观分析教师在实施育人工作中的职业要求。为此,相关研究认为,教师素质是指教师在育人过程中建立在一定生理条件基础上的稳定的必备职业品质,是教师职业形象、育人知识、育人能力的综合反映。②

关于教师素质结构,国外研究者关注教师的知识结构、能力结构、个性品质和教育观念等方面,一定程度上可以将其看作是对教师素质结构的基本看法;国内研究者大多是通过抽象思维对众多的素质进行逻辑性的概括、综合的统一,从而形成了多样化的素质结构演绎的观点,如表1-1所示。

表1-1 不同学者对"教师素质结构"的观点

研究者	教师素质结构
叶澜	专业理念、知识结构、能力结构
艾伦	学科知识、行为技能、人格技能
林瑞钦	所教学科知识、教育专业技能、教育专业精神
饶见维	教师通用技能、学科知能、教育专业知能、教育专业精神
姚志章	认知系统、情意系统、操作系统
唐松林	认知结构、专业精神、教育能力

从以上研究可以看出,不同学者对教师素质结构的理解有一定差异,但也存在共同之处。概括起来,教师素质是一个系统的结构,含有复杂的成分,教师素质结构应为教师培养和教师培训工作提供理论指引和可操作性的指导,反映人才培养的规格。教师专业素质结构分为三个维度:专业知识、专业技能和专业精神情意,这些素质是结合教师个性特征形成的,不同专业发展阶段的教师素质结构存在不同的发展特点。教师素质是在一般生理条件具备的条件下,经过教师教育科学训练、系统培养与反复实践而形成的。

学前教育教师素质直接关乎学前教育质量和素质教育的实现,幼儿教师需要具备教师的专业素质,幼儿教师专业素质因教育对象的年龄特点又有其自身特点。如幼儿教师不但要具有童心、爱心,还要有较高的文化素质和较宽的知识面,有坚实的学前教育专业基础知识、基本技能和较强的保育能力。幼儿教师要尊重幼儿、理解幼儿,不断更新幼儿教育观念,主动学习幼儿教育的专业知识和能力,有提升幼儿教育质量的社会责任感和使命感等。"准教师"应通过学前教育专业系统的学习和实践,从教师专业素质结构维度优化自身素质,成长为一名优秀的学前教育工作者。

---

① 林崇德,等.教师素质的构成及其培养途径.中国教育学刊,1996(6):16-22.
② 王立国.基于教师专业发展的教师素质研究[D].甘肃:西北师范大学,2007:04.

二、实践依据

(一) 改革动力:我国高等师范院校实践教育存在的问题

1. 观念层面:实践教育定位不合理

在我国传统的学前教育师资培养体系中,高等师范院校学前教育专业的培养目标是中等幼儿师范学校的幼儿教育理论教师,并不直接从事一线的幼儿教育工作。因此,传统高等师范院校学前教育专业培养中注重理论教学,实践教学只是理论教学的补充与验证。虽然现在大多数高校开始重视实践教学,如很多专业课程都设置实践环节、教育见实习等,但是在观念层面"实践教学为理论教学的补充"的传统观念并未得到改变,实践教学并未得到应有的重视。

随着时代发展,社会对高质量幼儿教师的要求不断提升,幼儿教师专业化进程提上日程。目前,高等师范院校学前教育本科专业的培养目标已经转变为培养面向幼儿园等学前教育机构的师资及其他相关一线幼教工作者,实践教学的重要性日益凸显,重新界定实践教学与理论教学的关系就变成一个首先要从观念层面解决的问题。

2. 结构层面:实践教学比重有限,实践教学展开与评价形式单一

目前,我国大多数高等师范院校实践教学采用的是在每学期开设的理论课中设置一定数量的实践课时(比重一般不会超过 1/4,每学年 1~2 次见习,每次见习时间少则半天,多则 5 天),学业最后一个学期(大约 3 个月)的集中实习等方式。目前,增加专业实践教育时长已经成为国际趋势,我国实践教育在时长和学分比重上还有较多的研究和调整空间。

实践教学展开的形式一般为进入幼儿园进行观摩见习,写见习报告;在校内进行虚拟情境教学,以及实习阶段在幼儿园实践操作,完成实习总结。总体来说,形式比较单一,实践任务不够全面,实践场域也多局限于幼儿园。对实践教育评价的方式更是简单地分为见习报告评分、划定实践环节的等级、实习评分。评价对学生实践的指导反馈意义非常有限。

3. 行为层面:实践内容及时间分散

实践教育未能得到有效指导,实践教育脱离理论教学,体系性不强。一方面,各课程实践环节各自为政,缺乏统一安排和规划。实践教学内容缺乏针对性,与幼儿园现状和需求脱节,实践任务往往只是笼统指出大致方面(如保育实习、教育实习),造成学生在幼儿园见习、实习时任务零散、随机,不知道具体该见习什么、实习什么,应该以何种身份和态度参与。另一方面,高校和幼儿园等一线机构缺乏对话,学前教育专业的教师与幼儿园一线教师没有形成专业学习共同体,高校指导教师数量不足,知识结构不合理,幼儿园一线教师又没有明确的指导方针,随意性较大,导致实践效果不理想。短时间的见习观摩实践结束后,学生又回归到理论学习,理论教学与实践教学只存在很简单的说明解释补充关系,并未产生更深层次的联系。

实习时间相对较长和集中,学生更容易在实践教育中产生更深的感触,接触到各种实际问题。然而,往往在他们需要对理论与实践进行更深入联系时,却面临毕业和论文写作,理论课程的学习基本已结束。实践教学和理论教学并未有机整合到课程设置和教学安排上。

4. 实践现状:实践课程的体系尚未形成

从实践目标和内容的角度看,当前高等师范院校尚未将教育实践上升到课程层面,缺乏对实践课程体系的顶层设计,多数还尚未形成比较系统、整体和具有较强指导性的课程架构。学生就读专业后,不了解各个阶段见习和实习的重点,无法自主将理论课程与实践课程建立联系,学习效果受到直接影响。从要素论的角度看,实践教学区别于理论教学的主要构成部分是条件要素,即实践教学每个环节都需要硬件设施的支持。高等师范院校学前教育专业除了教育见习与实习的幼儿园以外,实验室建设几乎是一个全新的课题,实践教学条件建设有待发展。从管理要素看,没有相对独立的教育实践管理。专门的管理机构和人员以及规章制度都还有待完善。实践教学评价则还停留在见习、实习结束后,指导教师评定成绩、做好登记的水平。成绩评定的标准、评价方式等缺乏研究。

由于对实践教学的整体研究不足,使高等师范院校学前教育专业的实践教学体系尚未建立,对各个构成要素具体内容的认识比较模糊,实践教学的条件、管理和评价等方面都有待完善,教育实践课程体系亟须体系化、科学化。

(二)经验的借鉴

1. 医学培养模式的借鉴:临床化培养模式

高等医学教育,无论是以美国为代表的研究生培养模式还是欧亚的本科式教育模式,都基本涵盖基础医学理论学习阶段＋临床教学阶段,值得借鉴的是医学教育独特的临床教学。教学医院是其主要的教学场域,真实、综合、以问题为中心、床边教学和小组讨论的方式等使医学教育的实践教学独树一帜,因而医学教育被称之为临床化人才培养模式。在教师专业化的背景下,高等师范院校学前教育专业完全可以借鉴医生培养的临床化模式来探索自己的实践教学模式。因为学前教育工作在很多方面与医务工作具有共同点,比如职业道德方面的爱心与耐心、专业知识的综合性、工作技能的创造性等。借鉴临床化培养模式的高等师范院校学前教育专业教育实践如何构建有待继续研究。

2. 工程教育培养模式的借鉴:产学研结合

校内间接工程训练与产学研结合制度下的直接工程训练共同构筑了工程教育的实践教育体系。间接工程训练从技能实践、能力实践到综合创新与项目开发实践的循序渐进安排,使实践教学各个环节目标具体明确、易于操作;以工业中心为载体的直接工程训练则将学生置于真实的问题情境,以科技立项和项目组方式操作,不仅综合了跨学科理论知识,与间接工程训练中的综合创新与项目开发链接,而且培养了工程人才所需要的职业道德精神——合作。虽然学前教育专业学生的工作对象是迅速发展中的儿童,工程教育的校内间接工程训练、项目开发等方式不适合直接迁移,但其实践教学内容循序渐进滚动式安排的思路和工业中心载体的经验为构建学前教育专业的实践教学体系提供了努力的方向。

3. 教师专业发展学校的借鉴:职前职后一体化

美国教师教育的教师专业发展学校(Professional Development School,PDS)已经为我国高等师范院校学前教育专业的实践教学提供了范型。在专业发展学校中,实习教师的实习时间由原来的几周延长为一年,他们的实习工作也不再仅仅局限于在听课、观摩的基础上象征性地讲几节课,而是全方位地参与学校的全部教育教学活动。首先,在 PDS 学校里,师范生在教育实习中不再是跟个别实习指导教师学习如何进行教学,而是接触更多的教师,使整个教师专业发展学校乃至学校所在的社区都对新教师的成长发挥作用;其次,在教师专业发展学校里,师范生的专业教育被置于突出的位置上。PDS 模式模糊了教师教育职前职后的界限,这样的教学实习不是程式型、经验型的,而是探索型、研究型的。这种探索型、研究型教学实习的特点在于,教学具有反思性。PDS 模式实现了杜威构想的"实验室式"的实践教学目标,即实践教学不仅检验理论而且用于反思理论,将理论与实践深度融合。

第三节 实践教育体系的构建与实施

实践教育体系的构建主要包括实践教育体系主体的构建、目标的构建、内容的构建、组织与实施的构建、考核评价机制的构建和保障机制的构建。

一、实践教育体系主体的构建

实践教育主体主要包括职前教师(准学前教师)、在职幼儿园教师和园长、高校学前教育专业教师、学前教育行政机构人员、学前教育文化事业机构等,如图 1-1 所示。

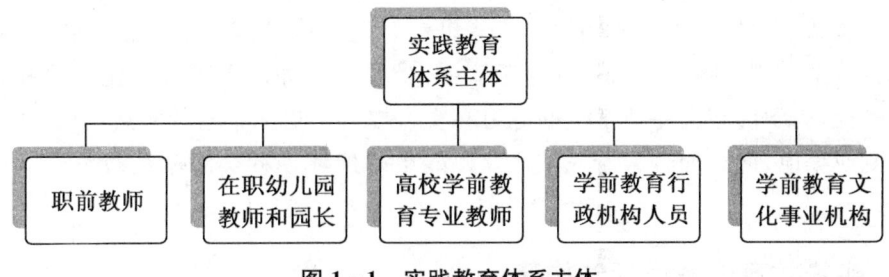

图 1-1 实践教育体系主体

职前教师在合作共同体实践教学中主要处于学习者和反思者的地位,他们将有更多时间接触教学场景中的"临床"经验,能大量涉猎具有多样性和真实性的学习经历,并且能得到在职幼儿园教师、高校教师频繁而持续地提供的教育教学监管与及时反馈,这都有助于促进职前教师吸收、消化教学场景中的实践经验,做好充分的专业准备。同时,值得提倡的是,准学前教师内部还可以形成学习合作体,由高年级学生为低年级学生开展见习和实习心得体会交流,组织高年级学生向低年级学生分享见习和实习的问题和困惑,为低年级学生提供更多、更有效的替代性经验,使其充分做好见习和实习准备工作。

在职幼儿园教师及园长在合作共同体中主要承担着合作者、临床诊断者、指导者、教科研项目参与者、学习者等多重角色,在与同伴、职前教师、高校教师平等对话与交流的过程中,其教育思维将更加活跃,并更具专业敏感性。澳大利亚学者加扎布考瓦斯基(Jazabkowski)的研究揭示,教师与同事间的互动不仅有助于改善同事之间的关系,从长远来说有助于改善教与学的质量,而且有助于增进教师群体的情感联系,减轻情绪压力和职业倦怠。幼儿园在职教师在全程化实践教学中承担了多种非传统角色,通过现场展示与交流,教师能更好地反思自身的实践问题,为其持续的专业发展提供了很好的动力与机会。不仅如此,幼儿园园长及教师在人才培养模式改革、人才培养方案制定与实施、教学方法改革与实施等方面都可以与高校教师形成良好的合作关系,实现实质性的"双向育人"功能。

高校教师在校园合作共同体中主要承担着指导、研究、学习的责任与角色。全程化实践教育可以开拓高校教师教育教学研究的新视野,使其把研究的侧重点集中于幼儿园真实的教育场景,研究幼儿园一线教育教学中幼儿的学习与发展水平与特点、幼儿园课程的编制与实施、幼儿园一日活动的设计与组织、幼儿园环境创设、集体活动设计与实施、游戏活动设计与实施、家园共育活动设计与实施等保教问题,同时在实践中积累一线工作经历,提高自己指导实践教育的能力,通过在实践中搜集问题、分析问题和解决问题,"反哺"教学,实现教学与科研一体化。

学前教育行政机构人员主要承担着指导和合作的角色。如在学生进行职业规划、学习计划的制定、就业指导等方面,学前教育行政人员需发挥自身工作的优势,承担指导的工作。同时,教育行政机构人员在促进人才培养模式改革方案的制定与实施、"校—政—园"合作育人等方面都能发挥行政力量,有效保障合作育人模式的实施。

学前教育文化事业机构主要包括学前教育专业资格培训机构、学前教育出版机构、学前儿童玩教具研发与生产机构等。这些机构有效地将高校与市场建立联系,对高校人才培养方案的制定提供了有效的参考依据,为职前教师提供了多元化学习和发展的资源和途径,为学前教育专业学生的见习和实习提供了更为丰富的实践场域,拓宽了毕业生的就业渠道,使学前教育专业实践课程能更好地体现社会对学前教育专业毕业生的要求。

二、实践教育体系目标的构建

总体而言,全程实践教育以培养师范生的职业岗位能力、使师范生与用人单位近距离接轨为目标,这决定了它必然以实践教学为主体,以理论教学为支撑,以实践过程为中枢,以职业实践活动为导向,以职业能力训练为载体,以"校园合作共同体"为平台。学生从最初的观摩感知到模拟实训再到尝试实践与上岗实践,从最初的单项实训到最后的综合实践,从开始的学中做到做中学再到最后的教学做一体化,体验着由浅入深、由易到难的完整工作过程,积累着对工作现场的经验、情感、态度与智慧。

根据当前我国高等师范学校学前教育专业培养目标和定位等现状分析,当前高师院校全程化实践教育体系的培养目标可以定位为:培养反思型幼儿园师资,各种类型托幼机构从事学前儿童保教、研究和管理工作的高级应用型人才,应用型幼儿教育和保育工作的教师及其他教育工作者,培养学前教育专业情意品质、专业知识和专业能力,遵循"培养人—培养教师—培养学前教育工作者"思路建构课程体系。全程实践教育要发挥全程教育实践课程人才培养的作用,并内涵于学前教育专业培养目标。

为促进幼儿园教师专业发展,建设高素质幼儿园教师队伍,根据《中华人民共和国教师法》,教育部于 2012 年出台了《幼儿园教师专业标准(试行)》(以下简称《专业标准》)。幼儿园教师是履行幼儿园教育工作职责的专业人员,需要经过严格的培养与培训,具有良好的职业道德,掌握系统的专业知识和专业技能。《专业标准》是国家对合格幼儿园教师专业素质的基本要求,是幼儿园教师开展保教活动的基本规范,是引领幼儿园教师专业发展的基本准则,是幼儿园教师培养、准入、培训、考核等工作的重要依据。《专业标准》的基本理念是幼儿为本、师德为先、能力为重、终身学习,学前教育专业培养目标要体现《专业标准》的理念和内容要求,如表 1-2 所示。

表 1-2 《幼儿园教师专业标准(试行)》基本内容

维度	领域	基本要求
专业理念与师德	(一)职业理解与认识	1. 贯彻党和国家教育方针政策,遵守教育法律法规。 2. 理解幼儿保教工作的意义,热爱学前教育事业,具有职业理想和敬业精神。 3. 认同幼儿园教师的专业性和独特性,注重自身专业发展。 4. 具有良好职业道德修养,为人师表。 5. 具有团队合作精神,积极开展协作与交流。
	(二)对幼儿的态度与行为	6. 关爱幼儿,重视幼儿身心健康,将保护幼儿生命安全放在首位。 7. 尊重幼儿人格,维护幼儿合法权益,平等对待每一个幼儿。不讽刺、挖苦、歧视幼儿,不体罚或变相体罚幼儿。 8. 信任幼儿,尊重个体差异,主动了解和满足有益于幼儿身心发展的不同需求。 9. 重视生活对幼儿健康成长的重要价值,积极创造条件,让幼儿拥有快乐的幼儿园生活。
	(三)幼儿保育和教育的态度与行为	10. 注重保教结合,培育幼儿良好的意志品质,帮助幼儿形成良好的行为习惯。 11. 注重保护幼儿的好奇心,培养幼儿的想象力,发掘幼儿的兴趣爱好。 12. 重视环境和游戏对幼儿发展的独特作用,创设富有教育意义的环境氛围,将游戏作为幼儿的主要活动。 13. 重视丰富幼儿多方面的直接经验,将探索、交往等实践活动作为幼儿最重要的学习方式。 14. 重视自身日常态度言行对幼儿发展的重要影响与作用。 15. 重视幼儿园、家庭和社区的合作,综合利用各种资源。

(续表)

维度	领域	基本要求
专业知识	(四) 个人修养与行为	16. 富有爱心、责任心、耐心和细心。 17. 乐观向上、热情开朗，有亲和力。 18. 善于自我调节情绪，保持平和心态。 19. 勤于学习，不断进取。 20. 衣着整洁得体，语言规范健康，举止文明礼貌。
	(五) 幼儿发展知识	21. 了解关于幼儿生存、发展和保护的有关法律法规及政策规定。 22. 掌握不同年龄幼儿身心发展特点、规律和促进幼儿全面发展的策略与方法。 23. 了解幼儿在发展水平、速度与优势领域等方面的个体差异，掌握对应的策略与方法。 24. 了解幼儿发展中容易出现的问题与适宜的对策。 25. 了解有特殊需要幼儿的身心发展特点及教育策略与方法。
	(六) 幼儿保育和教育知识	26. 熟悉幼儿园教育的目标、任务、内容、要求和基本原则。 27. 掌握幼儿园环境创设、一日生活安排、游戏与教育活动、保育和班级管理的知识与方法。 28. 熟知幼儿园的安全应急预案，掌握意外事故和危险情况下幼儿安全防护与救助的基本方法。 29. 掌握观察、谈话、记录等了解幼儿的基本方法。 30. 了解0～3岁婴幼儿保教和幼小衔接的有关知识与基本方法。
	(七) 通识性知识	31. 具有一定的自然科学和人文社会科学知识。 32. 了解中国教育基本情况。 33. 掌握幼儿园各领域教育的特点与基本知识。 34. 具有相应的艺术欣赏与表现知识。 35. 具有一定的现代信息技术知识。
专业能力	(八) 环境的创设与利用	36. 建立良好的师幼关系，帮助幼儿建立良好的同伴关系，让幼儿感到温暖和愉悦。 37. 建立班级秩序与规则，营造良好的班级氛围，让幼儿感受到安全、舒适。 38. 创设有助于促进幼儿成长、学习、游戏的教育环境。 39. 合理利用资源，为幼儿提供和制作适合的玩教具和学习材料，引发和支持幼儿的主动活动。
	(九) 一日生活的组织与保育	40. 合理安排和组织一日生活的各个环节，将教育灵活地渗透到一日生活中。 41. 科学照料幼儿日常生活，指导和协助保育员做好班级常规保育和卫生工作。 42. 充分利用各种教育契机，对幼儿进行随机教育。 43. 有效保护幼儿，及时处幼儿的常见事故，危险情况优先救护幼儿。
	(十) 游戏活动的支持与引导	44. 提供符合幼儿兴趣需要、年龄特点和发展目标的游戏条件。 45. 充分利用与合理设计游戏活动空间，提供丰富、适宜的游戏材料，支持、引发和促进幼儿的游戏。 46. 鼓励幼儿自主选择游戏内容、伙伴和材料，支持幼儿主动地、创造性地开展游戏，充分体验游戏的快乐和满足。 47. 引导幼儿在游戏活动中获得身体、认知、语言和社会性等多方面的发展。

14

(续表)

维度	领域	基本要求
专业能力	（十一）教育活动的计划与实施	48. 制定阶段性的教育活动计划和具体活动方案。 49. 在教育活动中观察幼儿，根据幼儿的表现和需要，调整活动，给予适宜的指导。 50. 在教育活动的设计和实施中体现趣味性、综合性和生活化，灵活运用各种组织形式和适宜的教育方式。 51. 提供更多的操作探索、交流合作、表达表现的机会，支持和促进幼儿主动学习。
	（十二）激励与评价	52. 关注幼儿日常表现，及时发现和赏识每个幼儿的点滴进步，注重激发和保护幼儿的积极性、自信心。 53. 有效运用观察、谈话、家园联系、作品分析等多种方法，客观地、全面地了解和评价幼儿。 54. 有效运用评价结果，指导下一步教育活动的开展。
	（十三）沟通与合作	55. 使用符合幼儿年龄特点的语言进行保教工作。 56. 善于倾听，和蔼可亲，与幼儿进行有效沟通。 57. 与同事合作交流，分享经验和资源，共同发展。 58. 与家长进行有效沟通合作，共同促进幼儿发展。 59. 协助幼儿园与社区建立合作互助的良好关系。
	（十四）反思与发展	60. 主动收集分析相关信息，不断进行反思，改进保教工作。 61. 针对保教工作中的现实需要与问题，进行探索和研究。 62. 制定专业发展规划，不断提高自身专业素质。

三、实践教育体系内容的构建

实践教育内容是根据教育目标，有目的地选择各种直接经验和间接经验的知识体系，它是实践类课程的核心要素。教育内容是根据教育目标从人类的经验体系中选择，并按照一定的逻辑序列组织编排而成的知识和经验体系。由此，学前教育专业全程实践教育内容即为根据教育实践课程目标，有目的地从幼儿教育经验体系中选择出来，按照"准教师"认知规律、专业成长规律组织编排而成的知识和经验体系，并与师范生通识教育课程、专业基础课程、专业方向课程、其他教师教育课程等课程内容整合，构成学前教育专业课程内容体系。学前教育专业实践教育的目标体现人才培养目标要求、幼儿教师专业标准的基本理念和基本内容，应在实践教育目标观照下选择组织实践教育的内容。实践类课程主要包含实操课程和专业实训课程，具体实践教育内容如图1-2所示。

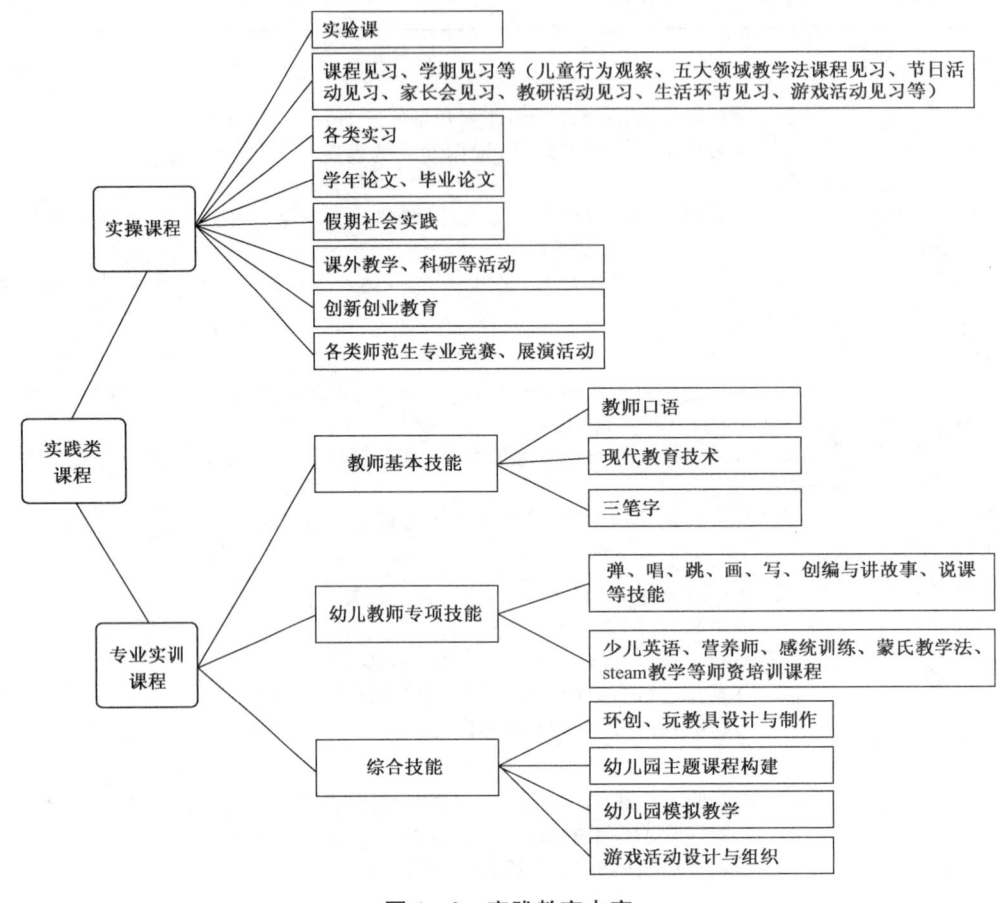

图 1-2 实践教育内容

四、实践教育体系考核评价机制的构建

建立明确的实践教学评价体系,旨在避免教师在实践教学中的随意性和学生学习的盲目性。

首先,评价主体多元化。重注学生自评、互评,幼儿园实践指导教师评价,高校专业教师评价等多元化的评价主体;第二,评价方式多样化。学前教育专业全程实践教育课程评价方式量化和质性的评价方式相结合,量化考评依据相应的评分标准对教育实践的表现进行打分,通过各项得分按照相应的比例进行计算后进行评价,量化评价保证其客观性。量化评价方式无法去评价内隐的教育实践态度、价值观,教育角色意识、专业情感、信念就需要采用质性的评价方法进行考评,即通过"准教师"自我评价、叙事记录、个人教育实践总结等方式来对内隐学习进行评价。实践教育课程量化评价和质性评价相融合,能够更为全面地去评价"准教师"的成长进步,对其存在问题和不足给出有效的改进建议。

五、实践教育体系保障机制的构建

首先,加强实践教学管理。一是实施制度化管理。将实践教学纳入整个教学计划之中,制定实践教学各方面各环节的管理文件,实行规范化管理。二是强化组织管理。根据学前教育专业自身的特点,制定相应的组织管理办法,编制实践教学计划,增强教学的针对性和有效性,力求做到统筹安排、精心组织、监管到位、反馈及时、考核全面。

其次,加强实践教学设施和基地建设。完善的实践教学设施和优质的实践教学基地是实施实践教学的必要条件和有力保障。除了常规的琴法、舞蹈、美术等方面的教学设施以外,还应结合专业发展需求建设模拟幼儿园活动室、游戏和玩具教学专用教室、心理观察实验室、婴幼儿早期教育实训室、微格教室、蒙台梭利教学法实训室、儿童感觉统合实训室等校内实践教学设施。同时,加强与幼儿园等幼教机构的联系与合作,建立起一批稳定的幼儿园教学科研实习基地。

最后,加强实践教学指导。编写实践课程和教学指导用书,对实践教学的目标、内容、形式、要求、评价等做出明确规定。同时,抓好队伍建设,建立一支富有事业心和责任感、拥有先进教育理念、熟悉幼儿园教育教学、各方面能力较强的师资队伍,对实践教学的各环节加以研究和指导。

第四节 幼儿园实践教育的内涵及目标

幼儿园是学前教育专业师范生重要的实践场域,在幼儿园的实践教育主要体现在见习和实习活动中。很多同学对见习和实习的内涵和目标理解不够清晰,下面就来介绍一下幼儿园的见习和实习活动。

一、幼儿园教育见习的含义和作用

(一)幼儿园教育见习的含义

幼儿园教育见习是指学前教育专业学生在掌握一定的专业理论知识的基础上,在高校教师和幼儿园一线实践指导教师的双重指导下,深入幼儿园真实教育情境,对幼儿园保教实践进行的一种现场观察和体验活动。幼儿园教育见习具体包括观察和分析幼儿的身心发展特点与规律、幼儿园教育环境、幼儿园的一日活动安排与集体教学、游戏活动、班级管理以及教师的各种保教行为等内容。

幼儿园教育见习从本质而言,重视的是个体对他人职业行为的观察与体验,是一种在职前通过观察与体验进行替代性经验学习的过程。观察和体验是教育见习期间学生最主要的活动。观察是一个很复杂的过程,包括用眼睛看、用耳朵听、用鼻子闻、用舌头尝、用手摸等一切身体感觉器官参与的活动,而且还必须能通过大脑的整合作用把不同的感觉器官分别获得的单因素信息统合起来。体验是指用全部的心智去感受、关注、欣赏和评价某一事件、人物、事实和思想。只有通过体验,才能把一个陌生的、外在的、与己无关的对象变为熟悉的、可以交流的,甚至是融于心智的存在。只有以体验为前提,才能有效地进行分解离析的认识活动。

幼儿园教育见习主要以学生的观察和体验为主。幼儿园教育见习是学生在考察观摩基础上进行的对幼儿园保教实践的体验及对幼儿园教育理论的理解分析或尝试运用的活动。幼儿园教育见习中,学生一般不直接从事幼儿园教育实践活动,但可以协助幼儿园教师进行辅助性的实践工作,如参与班级常规管理、班级环境创设、教玩具材料的制作、一日活动中某教育活动环节或过渡环节的实施及家园联系工作等。

(二)幼儿园教育见习的作用

幼儿园教育见习是高师院校学前教育专业教师实践教育课程的重要组成部分,是幼儿园实践教育课程的重要内容。幼儿园教育见习的作用主要有以下几个方面:

1. 幼儿园教育见习能促进学生与幼儿形成良好的师幼关系

幼儿园教育见习时,学生面对的教育对象是3~6的幼儿。该年龄阶段的幼儿有其独特的发展特点。幼儿园教育见习能使学生从书本知识理论对幼儿发展特点与水平的描述中走出来,近距离观察和接触幼儿,在与幼儿的交往互动中亲身体验幼儿的纯真可爱,并与幼儿结下深厚的感情。由此,通过持续的幼儿园教育见习,有助于学生树立热爱幼儿的情感,准确认识和把握幼儿的发展水平和特点,并在此基础上与幼儿形成良好的、平等的、和谐的师幼关系。

2. 幼儿园教育见习能增加学生对幼儿园保教实践的感性认识

学前教育专业学生在大学课堂所学的都是专业理论课程,较缺乏对幼儿园保教实践活动的感性认识和真实体验。幼儿园教育见习所提供的现实情境,能为学生在学习专业理论课程的同时提供专业感性认识,使学生获得对幼儿园保教实践的观察与感悟,帮助学生思考与分析理论与实践有机结合的方法,促进学生将幼儿园实践活动与大学课堂上所学的理论知识相联系。由此,幼儿园教育见习可视为幼儿教育职业入门的观察、感悟和体验活动。通过幼儿园教育见习,学生可以置身于真实的幼儿园教育情境中,更加直观地观察具体的幼儿园教育实践过程,加深对幼儿园教育实践活动的理解,并为进一步学习幼儿教育理论和从事幼儿园保教实践奠定感性认识的基础。

3. 幼儿园教育见习可提升学生的专业认同感

幼儿园教育见习中,学生第一次以准教师的身份跨入幼儿园,全面观察教师、了解教师,深刻体验教师的工作和学习,深刻体会幼儿园教师的责任感和工作的艰辛。幼儿园指导教师对待幼儿教育实践的职业态度、儿童观、教育观和角色行为等,都会潜移默化地影响着学生,特别是优秀教师所表现出的职业奉献精神会对学生起到很好的榜样示范作用。这对学生的专业态度和专业情感有重要的塑造作用,有利于巩固学生的专业思想,坚定学生献身幼儿教育事业的信心,从而提升学生的专业认同感,强化学生对专业的接纳程度。

4. 幼儿园教育见习是学生将学前教育理论知识转化为实践能力的重要环节

教育实践课程是高校教育类课程体系的重要组成部分,幼儿园教育见习是学前教育专业教师教育实践课程的主要构成内容,是学生将学前教育理论与幼儿园保教实践相结合,接触、了解和体验幼儿园教育实际,学习幼儿园保教实践知识和经验的宝贵机会。通过幼儿园教育见习,可以帮助学生从所学的学前教育理论知识出发,在真实的幼儿园教育情境中掌握的幼儿的心理发展特点,熟悉幼儿园的教育环境、课程内容和一日活动作息安排,了解教师的常规管理工作,积累幼儿园保教实践经验。如果缺乏幼儿园教育见习这个实践环节,将造成学生学前教育知识结构上的失衡,即学生只具备幼儿园保教实践的条件性知识和陈述性知识,缺乏幼儿保教实践的程序性知识。具体而言,学生只知道有关幼儿教育领域中"是什么"的事实性知识,而相对缺乏"怎样做",表现为一种与幼儿教育实践问题解决的方法相联系的技术知识。幼儿园教育见习可给学生提供关于幼儿教育的程序性知识,即实践性知识,这些知识会逐渐转化为学生的幼儿教育实践能力。因此,幼儿园教育见习是帮助学生将幼教理论知识转化为幼儿园教育实践能力的一个重要的中间环节。

5. 幼儿园教育见习可为学生的教育实习做好充分准备

幼儿园教育见习是学前教育专业学生从学习幼儿教育理论知识到开展幼儿园教育实践之间的过渡环节,其主要目的在于通过不间断地到幼儿园进行教育教学的观察和体验,使学生能够进行角色的持续转化,积累幼儿园教育实践的感知和体验,为学生后期以一名幼儿教师的身份进行正式的幼儿园教育实习创造各种有利条件。因此,幼儿园教育见习可作为学生进行幼儿园教育实习的前奏曲。幼儿园教育见习时间一般安排在幼儿园教育实习之前的大学前三年的学程中,让学生在实习前通过阶段性的、持续的教育见习来了解幼儿发展特点,初步感受和学习幼儿园保教工作的要求、特点和规律,了解一线幼儿教师保教实践活动的环境、内容、过程、细节和规范,更好地理解幼儿教师职业的基本职责,全面熟悉幼儿园保教工作,为日后的幼儿园教育实习在经验、情感和能力上打下基础,即做好教育实习的心理、感性认识和能力等诸多方面的准备。

6. 幼儿园教育见习为学生提供了一条学习和积累幼儿园教育技能的捷径

通过见习期间观摩幼儿园指导教师的保教实践活动,特别是优秀幼儿园教师的保教实践活动,可为学生提供充分的观察、讨论、分析和研究幼儿园保教实践的时间和机会,使学生全面了解幼儿园教育的全过程,学习优秀教师的教育经验,感受幼儿教育实践工作者不同的专业技巧,为学生直接提供了学习和积累幼儿园保教技能的一条捷径。幼儿园教育见习后,学生可以借助观察总结优秀幼儿教师的教育实践经验,分析和反思今后在实习过程中学习的内容、方法,解决理论学习的困惑需要具备哪些实践能力等。

因此,通过幼儿园教育见习,学生能观察和总结幼儿教师的实践能力,真切体会幼儿教师的能力在幼儿园教育实践中的实际作用和价值,激起提高自身幼儿保教技能的内在需求感。在此基础上,学生可以通过多次的幼儿园教育见习,逐渐认识、体验和积累基本的幼儿教育技能,为日后幼儿园教育实习中专业技能的进一步提高做好铺垫,进而为毕业后尽快适应幼儿园保教工作以及自身的专业化发展奠定良好的基础。

二、幼儿园教育实习的含义和作用

(一)幼儿园教育实习的含义

幼儿园实习有广义和狭义之分。广义的幼儿园教育实习可分为模拟实习、现场实习和研究性实习;狭义的幼儿园教育实习就是指幼儿园现场实习。此处所指的幼儿园教育实习是一种狭义的概念。

幼儿园教育实习是指学前教育专业学生在教师指导下,通过亲自参与幼儿园保教实践工作,以检验与运用自己在大学所学的幼教专业知识,提高自身的幼儿园保教技能,获得幼儿园教师专业素质,奠定专业发展根基的综合性教育实践活动。幼儿园教育实习是为培养学前教育专业学生形成独立工作能力、走向工作岗位成为合格教师、获得日后的专业发展所不可缺少的"实战演习"。

(二)幼儿园教育实习的作用

幼儿园教育实习在学前教育专业职前教师教育实践课程中,起着举足轻重的作用,享有独特的地位。其具体作用表现为以下几个方面:

1. 幼儿园教育实习是实现学前教育专业教师教育培养目标的重要实践环节

教师教育是实践性很强的工作,培养的是面向基础教育的实践性人才,闭门造车、脱离实际的教师教育很难适应现实社会。教师教育实践课程的重要内容之一就是教育实习,幼儿园教育实习是学前教育专业教师教育计划中一门最具师范特色的综合实践课程,是学前教育专业教师教育的重要任务,是实现学前教育专业教师教育培养目标的重要实践环节。从学前教育专业教师教育的角度看,通过设计、安排、实施和总结幼儿园教育实习工作,可评估学前教育专业教师教育的成功与不足,检验专业教师教育的办学思想和办学效果,为专业教师教育的改革和调整提供第一手资料,以更好地提高专业学生的实践能力和水平,为基层幼儿园输送优秀的教育人才。

可见,幼儿园教育实习是完成学前教育专业教师教育任务、实现学前教育专业教师教育培养目标必不可少的重要环节,也是检验学前教育专业人才培养质量和培养水平、检查专业课程设置和办学效果的重要环节,有益于提高专业水平和质量,促进专业教育和教师教育的未来发展。

2. 幼儿园教育实习可坚定学生的幼教职业取向

教育是国家发展的基石,高师院校作为教师培养的基地,须责无旁贷地承担起这一时代使命,因此,强化教师教育的教育实习实践环节,培养师范生的职业理想、职业道德和职业情感,增强教书育人的责任感和使命感,立德树人,应作为师范院校培养目标的第一要务和追求。

通过幼儿园教育实习,学生亲自经历保教全过程,熟悉幼儿的发展特点和幼儿园保教工作的具体内容,理解实践对幼儿园教师的能力要求,可有益于学生对幼教职业的了解,并在此基础上,端正自己的儿童观、教育观、教师观,进一步坚定职业信念和理想,巩固专业思想和专业精神,增强职业道德和职业情感,从而更快地实现专业认同。因此,幼儿园教育实习可坚定学生的幼教职业取向,提高学生热爱学前教育专业、奉献幼教事业的敬业精神,为将来从事的幼儿教育事业做必要的铺垫。

3. 幼儿园教育实习可帮助学生创造就业的机会

幼儿园教育实习对学前教育专业学生的毕业和就业工作是十分重要的,实习是就业的前奏,实习效果好,有助于实习生的就业,帮助学生拓宽就业的渠道。

幼儿园教育实习是学前教育专业学生由学校跨入社会的第一步,是接触社会的一个好机会,可帮助学生在实习过程中积累经验,表现自我素质与能力,为日后就业创造有利的条件。幼儿园教育实习经验和良好的幼儿园教育实习表现,往往是学生就业的前提和保证,甚至是求职的一块"敲门砖"。在幼儿园教育实习过程中,那些表现出专业知识扎实、综合素质良好、实践能力强的学生在就业时,就很受用人单位的欢迎,甚至能在实习结束后就能与幼儿园达成初步的就业意向,为日后顺利留在实习幼儿园工作打好基础;而在实习过程中表现出专业知识不够扎实、实践能力弱的学生在就业时,往往就会受到用人单位的冷落。

4. 幼儿园教育实习是培养学生保教实践能力的重要环节

知识是形成和发展能力的基础,实践是将知识转化为能力的决定性条件,能力需要通过参加教育实践才能逐渐形成和发展起来。教育实习以教师专业发展中所需的实践能力为重,是对学生教育能力进行综合训练的重要措施,也是学生教育教学能力的集中培养阶段,是他们走上工作岗位前系统提高其专业能力、培养专业素质的必要途径。

从学前教育专业学生的角度看,参加幼儿园教育实习的目的是促进陈述性知识向程序性知识的转化。现代认知心理学指出,任何领域的专业知识结构均由两类知识构成,一类是陈述性知识,回答"是什么"的知识;另一类是程序性知识,回答"怎么办"的知识。其中,程序性知识又可分为用于经常出现的熟悉情况的技能和用于新颖的、需要创造性情境的策略。陈述性知识可以通过书本或教师的传授获得,而程序性知识因为涉及怎么办的个人经验,因此必须通过实践和个人的体验获得。幼儿园教育实习帮助学生在实践中学习,在学习中实践,并在尝试解决实际幼儿教育实践问题的过程中"学以致用",以积累个人的实践性知识,获得一定的幼儿园保教技能。幼儿园教育是学生将理论知识与实践有机结合的最好的方法和途径,学生可以利用实习的机会锻炼自己,提升实践能力。幼儿园教育实习是学前教育专业学生将大学所学的理论知识和教育理念与真实的幼儿园教育实践相连接的重要环节,可以使学生近距离观察幼儿的生活、学习,观察幼儿园教师的工作,帮助学生在真实的幼儿园教育情境中切身感受幼儿园教育、幼儿的一日生活和幼儿园教师的具体保教工作,让学生在真实的教育教学现场了解学前教育实践活动的灵活性、复杂性,把所学理论知识与实践经验相结合,进而提高专业的综合判断能力。同时,通过幼儿园教育实习,学生亲自尝试环境创设、材料制作、班级管理,进行幼儿园教育活动的设计和组织,经历和尝试开展家长工作等,由此,学生的说、写、唱、弹、跳、画、手工制作、现代信息技术的应用、活动的设计与组织、与家长交流等各种专业基本功将在完成保教实习任务中获得整合与提升。只有通过这些真实的幼儿园教育情境的实践,学前教育专业学生才能体验和反思幼儿园教师的角色与职责,才能将所学的专业基础知识、基本理论和基本技能尝试综合运用于教育实践,将书本知识慢慢转化为幼儿园教育教学的实践能力,养成基本的幼儿园保教实践能力。

5. 幼儿园教育实习是培养合格幼儿园教师、奠定其专业发展基础的教育实践活动

幼儿园教育实习是对学前教育专业学生综合素质的整体锻炼和全面检验,是学生巩固和运用所学幼教基础理论、专业知识和基本技能,从而有助于日后成为合格的幼儿园教师、奠定其专业成长和发展基础的教育实践活动。由此看来,幼儿园教育实习是准教师专业成长的起点,对促进未来教师的专业发展具有重要的意义。

首先,实践是检验真理的唯一标准。也就是说,只有通过到幼儿园参加幼儿教育教学实践,大学生才能展示自我,客观地认识自我,才能发现自身存在的问题和欠缺。幼儿园教育实习可帮助学前教育专业的学生检验并综合运用所学理论知识。在将理论知识与实践不断相联系、将理论知识运用于实践的过程中,有益于学生不断反思和完善其知识结构和理论水平。其次,幼儿园教育实习提供学前教育专业学生参与保教实践的经历与体验,使学前教育专业学生学会按幼儿的成长特点进行科学的保育和教育,是其获得有关幼儿园保教实践经验的重要平台。幼儿园教育实习有益于培养学生独立从事幼儿园保教实践的能力和信心,促进学生通过实践不断缩小与实际工作的距离,帮助学生缩短任教工作最初的不适应期及走上教师岗位的磨合期,为日后在正式工作中迅速进入良好状态、顺利走上工作岗位打下良好的基础。可见,幼儿园教育实习是未来教师专业成长的重要转折点。

三、幼儿园全程进阶式见习和实习的目标

学前教育专业全程化实践最重要的特征就是体系化设计实践教育。时间上保障四年全贯通实践,各阶段实践目标、内容和方式做到循序渐进;内容上全覆盖幼儿教师职业能力标准中的素养体系,能与理论课程有效对接。对实践教育的阶段、目标及与理论课程关联性的了解,可以帮助师范生主动规划专业学习,做好专业实践准备,如表1-3所示。

表1-3 幼儿园全程进阶式见习与实习安排

组织时间	实践形式	学生现状及发展的核心目标		理论支撑的核心课程
第一学年	见习（每学期入园2周）	专业现状：我不知道自己不知道 具体目标： 准教师职业定位，了解幼儿教师工作的基本样态和幼儿教育的基本要素及特点		幼儿教师专业发展/专业导引课 幼儿园见习指导
第二学年	见习（每学期连续入园2周）	专业现状：我知道自己不知道 具体目标： 1. 了解幼儿在认知、情绪情感、社会性等各方面发展的年龄阶段特征、个体差异； 2. 了解幼儿园一日生活流程及组织、户外环境创设、室内整体环境和区域环境设计要素； 3. 了解保育员、主班老师、配班老师的分工方式及各自的主要职责		学前儿童心理学 学前教育学 儿童行为观察与记录 学前教育心理学/学前儿童认知与教育
第三学年	专项见习（随理论课程的学习按需入园，部分课程由一线优秀教师承担教学）	专业现状：我不知道自己知道还是不知道 具体目标： 1. 分类观察并记录学前儿童认知、情绪情感、社会性等行为，并进行分析； 2. 观察并记录教师日常的保教行为，包括游戏活动的组织与指导、五大领域及整合集体教学活动的组织与指导、一日生活环节的组织与指导、环境创设与材料制作、班级管理等		学前课程论 幼儿园教育活动设计与指导 学前儿童健康教育 学前儿童语言教育 学前儿童社会教育 学前儿童科学教育 学前儿童艺术教育 幼儿园环境创设与指导 幼儿园玩教具设计 幼儿园游戏 幼儿园班级管理 儿童行为观察与记录
	专项实习（随理论课程的学习按需入园，部分课程由一线优秀教师承担教学）	具体目标： 1. 尝试参与幼儿园班级环境创设 2. 尝试参与幼儿园节日活动的组织与实施 3. 设计幼儿园集体教学活动并尝试现场教学与诊断 4. 幼儿游戏支持、师幼互动 5. 幼儿园户外活动的组织与实施 6. 参与幼儿园教研活动，共同编制课程和教学计划 7. 幼儿园课程的生成与实施		选修课程实践 幼儿园保教实务 幼儿园节日活动组织与实施 观课、议课、评课 儿童游戏行为观察与支持 园本教研与班本教研 幼儿园主题课程设计与指导
第四学年	在岗实习（连续、集中实习，由高校教师和幼儿园实践导师共同指导）	现状：我知道自己不知道什么，并明确自己探究的方向		教育科研方法 毕业论文写作
		第一阶段	具体目标： 熟悉幼儿及带班教师，全面参与保育工作 具体要求：	

(续表)

组织时间	实践形式	学生现状及发展的核心目标	理论支撑的核心课程
		1. 观察并记录、分析实习班级幼儿行为,熟悉个体差异; 2. 熟悉幼儿园一日活动的流程安排,教师、保育员的分工和职责以及保育员工作要点; 3. 参与班级环境创设和材料制作与投放工作; 4. 尝试发现教学研究的兴趣和敏感点,并持续观察和分析	
第二阶段		具体目标: 1. 积累幼儿园五大领域及整合教学的设计与实施经验,初步掌握幼儿园各类教育活动设计与实施的技能; 2. 参与幼儿园教研活动,分析幼儿园课程体系与教学计划、教学实施的关系,梳理幼儿园课程与集体教学、环境创设、区域游戏、户外活动、生活活动、家园互动、班级管理等各类活动的关系; 3. 明确实习调查研究的主题,并制定观察记录表、访谈提纲等,持续观察和分析,并撰写研究报告	学前教育专业所有理论课程

实践部分

第二章 幼儿园一日生活活动实践

思　考

1. 幼儿园一日生活活动设计与组织实施的价值和目的是什么？
2. 幼儿园一日生活活动的基本流程是什么？
3. 安排幼儿园一日生活活动流程时需要遵循哪些基本原则？
4. 幼儿园一日生活活动有哪些基本环节？
5. 幼儿园一日生活活动各个教育环节的设计与组织需要注意哪些问题？
6. 在幼儿园一日生活活动中教师应重点关注幼儿哪些方面的发展？如何给予支持？
7. 如何评价幼儿园一日生活活动设计与组织实施的效果？

一、幼儿园一日生活活动组织与实施的观察、记录与反思

内容一：观察并记录幼儿园一日生活活动流程并分析其合理性	与教师、保育员等访谈记录	理论溯源
反思与探究	备注	
值得学习之处： 值得反思与优化之处：		

内容二:观察并记录各个生活环节及过渡环节时主班、配班及保育员的站位、分工等情况	与教师、保育员等访谈记录	理论溯源

反思与探究	备注
值得学习之处： 值得反思与优化之处：	

内容三:观察并记录幼儿入园、晨谈、餐前准备、盥洗、如厕、用餐、散步、午睡、起床、整理、离园等主要环节以及多个过渡环节中,主班、配班及保育员的职责和工作要点	与教师、保育员等访谈记录	理论溯源

反思与探究	备注
值得学习之处: 值得反思与优化之处:	

内容四:观察并分析幼儿园一日生活活动与幼儿园主题活动之间的关系	与教师、保育员等访谈记录	理论溯源

反思与探究	备注
值得学习之处: 值得反思与优化之处:	

二、幼儿园一日生活活动中幼儿行为观察、记录与反思

明确重点观察对象,注重持续观察(一名幼儿至少连续 3 次)和记录幼儿行为并进行分析。

观察对象		观察日期	
观察时长与频次			
观察记录方式及工具			
(观察方式:如参与式观察、非参与式观察、观察者分工与职责情况等)			
幼儿行为描述			
(背景、情境、人物、事件等信息)			

幼儿行为分析
（兴趣、动机、认知、社会交往、情绪等方面的学习、发展水平及需求）

后续支持策略
（目标、方法及手段、支持的效果）

观察对象			观察日期	
观察时长与频次				
观察记录方式及工具				
(观察方式:如参与式观察、非参与式观察、观察者分工与职责情况等)				
幼儿行为描述				
(背景、情境、人物、事件等信息)				

幼儿行为分析
（兴趣、动机、认知、社会交往、情绪等方面的学习、发展水平及需求）

后续支持策略
（目标、方法及手段、支持的效果）

观察对象			观察日期	
观察时长与频次				
观察记录方式及工具				
(观察方式:如参与式观察、非参与式观察、观察者分工与职责情况等)				

幼儿行为描述
(背景、情境、人物、事件等信息)

幼儿行为分析
（兴趣、动机、认知、社会交往、情绪等方面的学习、发展水平及需求）

后续支持策略
（目标、方法及手段、支持的效果）

三、幼儿园一日生活活动流程的设计原则

1. 设计动静交替的活动环节

根据幼儿身心发展的特点,幼儿园活动设计的流程要注重动静交替进行。动静交替首先要体现在户外活动中,教师要能够根据天气情况和幼儿活动量,组织幼儿开展运动和静止的游戏,让幼儿身心得到适当的锻炼和休息。其次,动静交替也要表现在教育活动中,教师要根据教学内容进行模块化设计,让幼儿在充分尝试、操作、专注或兴奋过后,有适当的休息、反思,调适情绪。如此既能顺利完成教学内容,使幼儿及时展现自己的学习成果并感受学习的乐趣,还有利于照顾个别差异,使每个幼儿都体验到成功的快乐。

2. 灵活而有弹性地安排作息制度

传统的一日活动计划从学习内容、组织形式到时间安排上,都有太多的限制,并且要求教师严格执行,根据"周计划"和"日计划"预先定好的教学内容和各环节规定的时间引导幼儿"参与"活动,以保证既定目标的实现,因此教师难以真正根据班级的实际和幼儿的兴趣选择教学内容,安排教学时间,开展幼儿自主活动,幼儿始终在老师的指挥棒下被动地活动。我们不难在幼儿园看到排队上厕所、排队喝水、排队进午睡室、餐点统一分好等现象。《幼儿园教育指导纲要(试行)》(以下简称《纲要》)指出:"一日生活时间安排应有相对的稳定性与灵活性","尽量减少不必要的集体行动和过渡环节,减少和消除消极等待现象"。这与一直以来对幼儿束缚过重的单一模式化的一日活动结构安排形成了强烈的冲击。为了促进幼儿生动活泼、自主有效的学习,目前不少幼儿园改革了幼儿园一日活动计划的设置,摒弃了一日活动时间逐段安排制,实行弹性作息制。在一日活动中只规定大段的活动时段,如早操、午餐、午睡、离园,其余的小时段教师可以根据班内的实际情况灵活调整、合理安排。

3. 生活活动内容与主题课程内容整合、渗透

生命是整体的,生活是整体的,因此,幼儿的发展也必然是整体的。这就要求作为一种生命活动的幼儿教育也应该是整体的。幼儿一日生活的课程构建,要从幼儿整体发展的需求出发,科学地、全面地统筹规划。从具体操作层面上看,就是要对幼儿教育的各要素进行多样化、多层次的整合。所以,优化幼儿一日生活,一方面要整合幼儿教育内容,另一方面也要通过对幼儿一日生活的各个环节、各种活动的合理组合,使教育渗透于幼儿一日生活之中,建立幼儿一日生活多活动、多环节的有机联系,以达到系统化、综合化的要求。教师要观察、研究幼儿一日生活内容及其组织形式的特点和内在联系,按照《纲要》提出的培养目标,对幼儿一日生活的多种活动和各个环节进行系统整合,建立科学、合理的幼儿一日生活运行机制。通过各种组织形式的整合,幼儿能够在一段时间中浸润在同一个主题中连续思考和探索。

4. 以游戏为基本活动

游戏最符合幼儿的心理特点、认知水平、活动能力,最能有效地满足幼儿的需要。《幼儿园工作规程》中也明确指出:"以游戏为基本活动,寓教育于各项活动之中。"在幼儿园一日生活中必须要有充分的时间让幼儿进行游戏,教师应根据幼儿的特点、经验及兴趣,创设游戏的条件,并在游戏过程中给予适当的指导,使幼儿保持愉快的情绪,促进幼儿的能力和个性的全面发展。例如,针对幼儿不主动喝水或喝水量不足的情况,有些教师将喝水环节进行游戏化处理,组织"小汽车要加油",设置"水吧"角色游戏区域等游戏活动,让幼儿在自然和愉悦的情境中自觉饮水。

5. 尊重幼儿的主动性

生活活动是幼儿园保育中的一项主要活动,传统的保育观多从保教人员的主观臆想出发,习惯于向幼儿发出指令式、约束式、训斥式等强制性要求,幼儿则被动地遵照幼儿园的既定规则,完成用餐、盥洗、喝水、睡眠等环节,较少考虑幼儿的主动性。科学的保育观强调尊重儿童,即便在每天必不可少的生活环节,教师也应充分发挥幼儿的主动性,让幼儿成为生活的小主人。教师应注重为幼儿提供宽松的生活环境,尊重、了解不同年龄幼儿的特点、需要,以真诚的爱心、积极的鼓励,让幼儿主动参与活动。如在用餐环节,鼓励幼儿协助教师做好餐前的准备工作,可以每天以小值日生的形式,让幼儿协助擦桌子、添饭、分发餐具;用餐完毕,鼓励幼儿将餐具放至指定位置,将各自的桌面收拾干净等。教师还可组织幼儿讨论生活活动的程序或规则(如如何洗手等),并用幼儿能理解的图像加以表征,贴在生活活动相应场所,以提醒幼儿主动按程序或规则操作,充分尊重幼儿的主体性。

思考:
1. 你所见习或实习的幼儿园在一日生活活动流程的设计与实施方面存在哪些可以借鉴之处,请举例说明。
2. 你所见习或实习的幼儿园在一日生活活动流程设计与实施方面存在哪些问题?应如何优化?

四、幼儿园一日生活各环节的设计及保教指导

（一）入园环节

入园环节通常包括"晨检—晨间接待—晨练"。下面我们来看看这几个环节的工作内容和指导重点。

1. 晨检

晨检的内容

（1）一摸。触摸幼儿额头和手心，如怀疑发热应测量体温。有疫情时，用电子体温计进行筛查，怀疑发热时用水银体温计复查。

（2）二看。观察幼儿一般情况，看有无疾病或传染病迹象，如精神情绪是否正常，有无皮疹、黄疸、肿大淋巴结，有无流涕、流泪、咳嗽、结膜充血等传染病早期症状体征。可疑者隔离观察，待进一步确诊。

（3）三问。了解幼儿在家食欲、睡眠、两便、情绪等情况，了解家庭成员近期健康状况，解答家长保健咨询。对委托喂药的幼儿，保健人员应与家长做好药品交接工作，登记幼儿姓名、班级、药名、服用方法等，并请家长签字。

（4）四查。检查有无携带不安全物品，如玻璃片、弹弓、珠子、小刀、玩具枪等。晨检主要由幼儿园的保健医生进行，程序完成后，应综合分析，判断是否正常，然后分别做出恰当处理。

晨检的指导重点

保健医生的晨检结束后，幼儿回到班上，教师要进一步做细致检查。教师应注意以下几点：

（1）仔细了解幼儿当天的健康状况。有些幼儿园在幼儿晨检后，会通过发放不同颜色的卡片来区分健康幼儿和身体不适幼儿。当班教师要根据幼儿拿的卡片，了解幼儿的健康状况，对于身体不适的幼儿要给予特别关注。

（2）做好身体不适幼儿的用药登记。对于家长要求在幼儿园服药的幼儿，当班教师要做好详细的登记及喂药管理。教师要准备好专用的用药登记本，并请家长写下幼儿姓名、药品名称、服药数量、服药时间、服药次数，并请家长签名确认。也有幼儿园的服药登记及管理工作统一由保健室的保健医生负责，中小规模的幼儿园可采取这种操作模式，管理上更加规范。

（3）协助幼儿的安全检查。为安全起见，教师可请家长帮助检查幼儿的衣服口袋等，防止将危险物品如小刀、尖针、钉子、玻璃弹珠等带入园内。

2. 晨间接待

晨间接待的指导要点

晨间接待环节虽然短暂，却承载着丰富的教育内容，从师生见面、进入班级，到如厕盥洗、晨间活动，涉及礼貌教育、健康教育、行为习惯培养等方面。充分利用这一环节对

幼儿进行持之以恒的教育,能促进幼儿良好行为习惯的养成。

(1) 渗透礼仪教育。教师对入园的幼儿和家长应主动问候,笑脸相迎。对内向腼腆的幼儿或是有情绪的幼儿应给予关心问候,尊重幼儿的感受,耐心等待他们的回应。

(2) 培养幼儿的生活自理能力。晨间入园也是培养幼儿良好生活习惯的关键时段。从托班开始,教师就应有意识地培养幼儿的生活自理能力,如自己挂毛巾、取放杯子、擦桌椅等,在服务自己的过程中,可让幼儿体会自己的事情自己做的乐趣。对于中大班的幼儿,幼儿园可以采取值日生的方式,让幼儿自己当小主人,在劳动中培养他们的责任意识。

(3) 安抚幼儿情绪。幼儿来园的情绪各有不同,有的幼儿情绪积极;有的幼儿因为一点小事不愉快;有的幼儿比较依恋父母,不情愿来园。不同的情绪会影响幼儿在园一天的生活。如何面对不同情绪的幼儿,需要遵循两点原则:第一,要遵循幼儿的年龄特点及情绪特点;第二,要遵循幼儿的个性特点。这需要教师细心观察、用心体会幼儿,知道他们需要什么。教师要多关注幼儿的情绪变化,并及时抓住教育契机,运用一些教育策略与家长沟通,帮助幼儿建立并保持良好情绪,愉快地度过每一天。

(4) 把握家园沟通的契机。晨间接待环节体现了幼儿、家长和教师三方面的互动。一方面教师可以利用这一机会向家长了解、介绍幼儿情况,有针对性地引导家长接纳科学的教育理念,帮助家长改变不恰当的教育方法。另一方面,晨间接待也是赢得家长信任和支持的窗口,教师展现出良好的师幼关系,可增强家长对教师的信任感,以达到家园合作的最佳效果。

3. **晨练**

晨练的指导要点

(1) 选择简单易行的晨练内容。早晨是幼儿园一天工作中比较繁忙的时间段,要组织幼儿,又要接待家长,所以晨练安排的内容要简单易行。晨练时幼儿很可能是陆陆续续来园,不适合安排正规性的体育活动,也不适合组织竞赛类的活动。教师应主要投放小、中型运动器械,比如球类、绳类、车类等,要尽量做到人手一件,以减少幼儿等待的时间,保证活动密度。

(2) 制订具体可行的晨练计划。教师应把晨练活动与其他教育活动同等对待,甚至要提高到比其他活动更重要的位置上。因此,对于幼儿园的晨练活动,教师一定要重视,要制订具体可行的活动计划。要根据本班幼儿的实际情况,在学期初制定每个月的大目标和每周的小目标,在课程进行过程中再根据幼儿的动作发展情况,在周末制订下一周每天的具体活动内容与目标要求。

(3) 安排适中的晨练活动的运动量。早饭前适量运动能促进食欲,但如果运动过于激烈,则易引起消化不良。冬季早晨气温低,如果运动量不够将达不到振奋精神、舒展身心的目的;如果运动量过大,幼儿则可能因出汗过多而感冒。所以,教师要控制好运动量。

（二）进餐环节

进餐环节主要是餐前、进餐与餐后活动的组织，三个部分的指导要各有侧重地进行。

餐前活动的指导要点

用餐时间不免会安排在户外活动等剧烈活动之后。如若幼儿带着兴奋的情绪进餐，不仅不利于食物的消化，也无益于良好饮食习惯的养成，这时教师需要组织安静的过渡活动。例如：

说一说。教师可以根据当天的食谱组织谈话分享活动，引导幼儿说说今日食谱中各种食物的样子和味道，也可让幼儿猜想一下，今天的菜肴中会不会有红色的西红柿、黑色的木耳等。

听一听。为了让幼儿安静下来，教师也可选择一些轻音乐，让幼儿欣赏，使幼儿尽快从兴奋的状态中安静下来，以利于进餐。

玩一玩。进餐前教师也可组织一些小游戏，如手指游戏、传话游戏、接龙游戏等。

进餐活动的指导要点

1. 营造舒适的物质环境

（1）按需调整桌椅摆放方式。幼儿的年龄特点决定了他们易受外界环境的影响，因此，适时改变桌椅布局，能激发幼儿的进餐兴趣。有的教师将原本独立的桌子拼成两张长餐桌，让幼儿感受到用餐环境与日常活动环境的不同，满怀欣喜地期盼着快乐的午餐时间，同时也可让幼儿和尽可能多的好朋友坐在一起。

（2）保持空间的畅通。在幼儿进餐时，过道要畅通，餐具、餐台要摆放在便于幼儿取放的位置，这样既能避免幼儿因相互拥挤而发生冲突，又能减少幼儿等待的时间，降低幼儿产生消极情绪的可能性。

（3）用音乐营造美好的进餐氛围。为了让幼儿放松心情享受美好的午餐时间，教师可播放一些节奏舒缓、柔美的钢琴曲。

2. 优化进餐的心理环境

（1）合理组织，形成良好的进餐秩序。教师可以让幼儿分批排队取放食品。对于托班或小班，教师可让幼儿在餐桌前就座，由教师统一分发食品。对于平时用餐慢的幼儿，可让他们先去取食品，让他们有更多的时间来自我调节，不会因为自己落后而自卑、沮丧。

（2）关注幼儿的个体差异。幼儿之间存在个体差异。对于挑食、偏食的幼儿，教师应对症下药，一味强求不可取。教师应多采取正面引导，如对食量小的幼儿，可鼓励他们每天多吃一口，对幼儿不爱吃的食物可先让他们少量尝试，再视情况逐渐加量。当幼儿有进步时，要积极肯定和鼓励。

（3）满足幼儿的心理需求。教师可以适当给幼儿自主选择的机会，如幼儿可以自己选择座位，选择适合自己食量的饭菜，以提高幼儿的进餐兴致。在进餐过程中，应允许幼儿有适当的交流,这不仅可以增进食欲,也可以让他们体验到进餐的愉快。

餐后活动的指导要点

餐后的活动是幼儿期待的一个环节,因此餐后活动的顺利开展也能够在一定程度上促进幼儿良好进餐行为的培养。餐后活动的组织需要注意两点:一是不能做剧烈运动,以免幼儿消化系统受刺激;二是餐后活动需多变化、创新意。根据这两点注意事项,我们可以开展一些安静休闲的餐后活动,例如:

(1) 身体放松运动。很多幼儿园喜欢在餐后组织幼儿在园内或户外散步,如在植物角、动物角或小区花园等散步,既可促进幼儿用餐后的食物消化,又能适当消耗体能,为午睡打下良好基础。

(2) 语言类活动。餐后教师可组织幼儿进行阅读、讲故事、手指谣等语言类活动,给幼儿在午睡前创设一个相对安静的氛围,让幼儿在身心上得到彻底放松,以便更好入睡。

(3) 音乐放松。餐后,教师也可选择一些舒缓的音乐,让孩子们欣赏,使幼儿的情绪从兴奋状态中安静下来,为午睡环节做好过渡和衔接。

(三) 喝水环节

喝水环节应注意的问题

(1) 幼儿吃饭时不要同时喝水。食物在嘴里混合上唾液,经过牙齿的咀嚼,才能分解、消化,很好地被吸收。吃饭时喝水,不但影响食物的消化吸收,还对幼儿的咀嚼能力有很大影响。

(2) 幼儿剧烈活动后不要马上喝水。剧烈活动后幼儿心脏跳动加快,喝水会给心脏造成压力,容易产生供血不足,所以,大量活动后不要马上喝水。

(3) 水温要适宜。过冷或过热的水,都会对幼儿娇嫩的胃黏膜造成损伤。夏天不能将刚从冰箱内拿出来的水给幼儿喝,容易引发幼儿胃不适甚至痉挛;冬天则不能给幼儿喝太热的水,容易发生烫伤。一般来说,幼儿在夏天最好喝与室温相当的水,冬天饮用水温度在 40 ℃左右即可。

(4) 选择合适的喝水时间。只要幼儿的小便正常,可根据实际情况让他少量多次饮水,如果幼儿出汗多,应增加饮水的次数,而不是饮水量。以下两个时间尽量不要给幼儿饮水:一是餐前不要多喝水。餐前给幼儿喝水,会稀释胃液,影响幼儿的食欲,也不利于食物的消化。正确的饮用方法是,让幼儿在饭前半小时喝少量的水,这样可以促进唾液的分泌,帮助幼儿消化食物。二是睡前不要多喝水,睡前喝水过多,会影响睡眠,也可能导致遗尿。

喝水环节的指导要点

喝水环节中教师的指导重点是培养幼儿良好的喝水习惯。

(1) 培养幼儿定时喝水的习惯。幼儿神经系统的特点是兴奋过程强于抑制过程,活泼好动,注意力不集中,喜欢做自己的事情。一玩起来,吃饭、喝水、大小便,什么都顾不得了。所以,每天要安排幼儿定时喝水的时间,早餐和午餐之间有3.5个小时,是幼儿活动量最大、消耗体能最多的时间,这段时间要让小班幼儿定时喝水两次,大中班幼儿定时喝水一次。午睡起床后要定时给幼儿喝一次水。

(2) 培养幼儿随渴随喝的习惯。在培养幼儿定时喝水习惯的同时,还不能忽视培养他们随渴随喝的习惯。由于气温不同,幼儿活动量大小不一,饮食结构、身体状况也不一样,定时喝水未必能满足所有幼儿对饮水的需求,他们随时有渴的可能。所以,要有针对性地提醒他们随渴随喝。

(3) 培养幼儿适宜的喝水速度。幼儿喝水不应过快、过多,否则会造成急性胃扩张,出现上腹部不适,而且不利于吸收。

(4) 教育幼儿不要喝生水。生水不干净,多有污染,含有不少细菌,喝生水易引起胃肠道疾病。

(5) 指导幼儿喝水应循序渐进。刚入园的幼儿,可从如何正确拿杯子开始培养。对于年龄小的幼儿,刚开始杯子里的水量应是杯子的三分之一,避免幼儿将水弄洒或是弄湿衣服。当幼儿拿杯子比较稳时,再将水量逐渐加多,最多至大半杯即可。

(6) 注重个体差异。引导幼儿按需饮水,不需要严格按照幼儿园统一流程被动等待有组织的喝水环节。

(四) 盥洗环节

洗手环节的指导要点

1. 托、小班幼儿

(1) 准备色彩不同、大小适宜、形状各异的肥皂,吸引幼儿积极参与洗手活动。

(2) 根据盥洗室的空间大小,将幼儿合理分组,指导其有序地洗手。

(3) 帮助或指导每个幼儿将袖子挽至胳膊肘处,防止水溅湿衣袖。

(4) 指导幼儿轻轻打开水龙头调至合适的位置,保持水流柔和。

(5) 参与幼儿的洗手活动,和幼儿一起边说儿歌边用六步洗手法洗手,增强幼儿洗手活动的趣味性。

(6) 密切关注每个幼儿的洗手过程,对搓洗不仔细、冲洗不干净等行为,要耐心地给予动作示范和语言提示。

(7) 帮助幼儿洗完手后用正确的方法擦干双手,将衣袖放下,整理平整。秋冬季节还要帮助幼儿涂抹护手霜。

(8) 幼儿盥洗结束后,及时用干拖把擦干地面上的水,等最后一个幼儿洗完手后再离开盥洗室。

(9) 进餐前、便前便后、活动后、手脏时,都要及时帮助或指导幼儿洗干净双手。

2. 中、大班幼儿

(1) 教育幼儿懂得洗手对身体的好处,饭前便后、活动后、手脏时主动洗手。

(2) 提醒幼儿分组有序进行洗手活动,保持盥洗室的安静。

(3) 提醒幼儿用六步洗手法正确洗手。针对幼儿洗手过程中普遍存在的问题，如挽袖子潦草从事、搓洗不仔细等，及时给予指导。

(4) 教育幼儿节约用水，能控制水流大小，洗完手后要在水池内轻轻甩三下，用毛巾擦干手上的水迹，防止水溅湿地板而让幼儿滑倒摔伤。

(5) 关注幼儿的洗手过程，发现有打闹、玩水等情况，及时给予提醒和引导。

(6) 采用语言鼓励、同伴示范、环境暗示等方式，及时鼓励幼儿在洗手过程中的进步表现，促进幼儿良好洗手习惯的养成。

漱口环节的指导要点

1. 托、小班幼儿

(1) 组织幼儿餐后轻轻走进盥洗室，取出自己的口杯漱口。帮助托班幼儿接好半杯漱口水，指导小班幼儿自己接漱口水。

(2) 通过有趣的漱口儿歌引导幼儿用鼓漱法进行漱口。提醒幼儿将漱口水含在嘴里鼓漱3～5次，再轻轻吐进水池中，不要把水咽进肚中。

(3) 提醒幼儿漱完口后把自己的口杯放回原处并摆放整齐。

(4) 关注每个幼儿的漱口情况，及时给予个别指导，帮助幼儿养成良好的漱口习惯。

2. 中、大班幼儿

(1) 教育幼儿懂得漱口能清洁口腔、保护牙齿，鼓励幼儿坚持饭后漱口。

(2) 引导幼儿餐后自己接水，安静有序地漱口。对玩水、打闹、说笑、拥挤的幼儿及时给予提醒和引导。

(3) 关注幼儿的漱口过程，提醒幼儿按照鼓漱法正确漱口，至少漱3次。发现漱口方法不正确的幼儿，及时耐心地给予语言和动作提示。

(4) 采用榜样示范、值日小班长等形式及时鼓励幼儿的进步表现，帮助幼儿养成良好的漱口习惯。

洗脸环节的指导要点

1. 托、小班幼儿

(1) 鼓励幼儿在教师帮助下洗脸。

(2) 引导幼儿知道起床后、脸脏时要把脸洗干净，保持仪表整洁。

(3) 引导幼儿洗完脸后照照镜子，让其感受洗脸后的干净清爽。

(4) 帮助幼儿在脸上抹好护肤霜。

2. 中、大班幼儿

(1) 午睡起床后，组织幼儿分组，安静有序地到盥洗室洗脸。

(2) 用轻柔的语调、温柔的动作指导幼儿从下到上、从里向外轻轻用力，依次把额头、鼻子、嘴巴、脸颊、耳朵、脖子洗干净。

(3) 关注幼儿的洗脸过程,提醒幼儿洗脸时低下头,手放低,以免水溅湿衣袖和衣襟。

(4) 指导幼儿洗完脸后,用毛巾把脸上的水迹擦干,帮助或指导幼儿用手指蘸取适量护肤霜,均匀涂抹在脸上。

(5) 引导幼儿懂得起床后、脸脏时要及时把脸洗干净,帮助幼儿养成良好的洗脸习惯。

> 梳头环节的指导要点

1. 托、小班幼儿

(1) 引导幼儿认识梳子和镜子,激发幼儿对梳头的兴趣。

(2) 引导幼儿学习正确握梳子的方法:右手五指弯曲握住梳子柄,使梳齿朝下。

(3) 起床后帮助幼儿把头发梳理整齐,鼓励能力强的幼儿尝试自己梳头。

(4) 引导幼儿梳头后在镜子面前照一照,欣赏头发的整齐漂亮。

(5) 梳头结束后,将掉落在肩部、地上及残留在梳子上的头发放进垃圾桶,并把梳子刷洗干净。

2. 中、大班幼儿

(1) 为每个幼儿提供专用的梳子。

(2) 午睡洗脸后,帮助或指导幼儿使用自己的梳子梳头。

(3) 指导幼儿学习梳头发的正确方法:从上向下,梳理前面、侧面和后面。

(4) 鼓励短发幼儿照着镜子自己尝试梳理头发,及时关注幼儿是否需要帮助整理,并给予积极的鼓励和表扬。

(5) 轻柔用力、松紧适度地帮助长发幼儿扎好辫子、戴好发夹,并请幼儿自己照照镜子,欣赏梳理后的整齐发型,感受仪表整洁的美。

(6) 梳头结束后,指导幼儿将掉落在肩部、地上及残留在梳子上的头发打扫干净,丢进垃圾桶,将梳子放回原处。

(7) 提醒幼儿头发松散、凌乱时及时梳理,保持仪表整洁。

(8) 定期对幼儿的梳子进行清洗和消毒。

(五) 如厕环节

> 如厕环节的指导要点

1. 托、小班幼儿

(1) 用接纳、平和的态度对待幼儿的如厕行为,营造宽松、安全、和谐的如厕氛围,及时满足幼儿的如厕需要。

(2) 做好如厕物质准备,保持厕所地面干燥,空气清新,保持便池洁净、无异味,提供数量充足、大小适宜的手纸。

(3) 带领幼儿认识男女厕所环境、器具,了解器具的使用方法。

（4）组织幼儿分别进入男、女厕所有序如厕，帮助或指导幼儿便前洗干净手。条件受限的幼儿园可以安排男女幼儿错时如厕，适时对幼儿进行性别认知和性别认同的引导。

（5）全程关注幼儿如厕过程。帮助或指导幼儿学习脱裤子、提裤子、便后擦屁股的正确方法，学会使用坐式、蹲式便池。

（6）托班幼儿便后擦屁股要以教师帮助为主，从小班开始逐步过渡到边帮边教，直至幼儿能够自理。指导幼儿学习擦屁股宜从穿衣服少的春夏季节开始。

（7）掌握全班幼儿大小便规律，培养幼儿按时、及时排便的习惯。对憋便、尿床、尿频的幼儿耐心引导，及时帮助；对拉裤子、尿裤子的幼儿，态度和蔼安抚其情绪，消除幼儿的紧张和不安，同时用轻柔的动作帮助幼儿擦洗身体，更换衣服，及时清理有便迹的衣物；秋冬季节，对因衣着增加而穿脱有困难的幼儿，仔细观察并及时指导帮助，避免其拉裤子、尿裤子。

（8）随时将便池内的尿液冲刷干净，观察便池台阶上是否有尿液、地面是否有水迹，及时清理厕所卫生，保持厕所清洁与安全，避免幼儿滑倒或摔伤。

（9）提醒幼儿不在厕所逗留、玩耍，帮助或指导幼儿便后使用肥皂把手洗干净。

（10）带领幼儿熟悉园内的公共厕所位置、使用方法，使幼儿明白有便意时就近如厕，培养幼儿不随地大小便的习惯。

（11）每天下班前对厕所进行彻底清洁、消毒。

（12）根据幼儿实际需要及厕所设施条件，在厕所地面、墙面、栏杆扶手、便池等位置张贴图片或标记，如提裤子的方法步骤、擦屁股的流程图、蹲式便池上的脚印等，引导幼儿正确、有序如厕。

（13）了解幼儿在家大小便习惯，请家长给幼儿准备1～2套舒适的衣服放在幼儿园，以备幼儿拉裤子、尿裤子时及时更换。

（14）及时与家长交流幼儿在园的如厕情况，指导家长重视家庭中的如厕教育。

2. 中、大班幼儿

（1）请值日生协助做好如厕前地面、空气、便池、手纸等的准备工作。

（2）组织男孩、女孩轮流如厕，有序做好脱裤子、提裤子、排便入池、便后自理、便前便后洗手等工作。

（3）对幼儿如厕过程中存在的喧哗、嬉戏、聊天、争抢厕位等个别问题及危险行为，及时进行引导和教育。

（4）指导能力弱的幼儿独立完成便后擦屁股、整理衣服、冲刷厕所等工作，做好便后自理。

（5）指导值日生做好维护如厕秩序、冲刷厕所、清理地面以及检查便后洗手等工作。

（6）采用多种方式鼓励幼儿节约手纸、手纸入桶、便后冲水等良好行为。

（7）注重引导幼儿了解大小便与身体健康的关系，培养幼儿具有初步的健康生活方式。

(8) 引导幼儿主动做好集体活动、户外活动、进餐、午睡等活动前的如厕准备。

(9) 带领幼儿讨论制定班级如厕常规、如厕文明公约等规则,以多种形式记录,并张贴在厕所区域内,提示幼儿自觉遵9守。

(10) 及时与家长交流幼儿在园如厕的情况,重点指导便后自理能力较弱的幼儿的家长,加强对幼儿的引导。

(六) 午休环节

幼儿园午睡活动是一日生活组织的重要环节,幼儿午睡质量的好坏直接影响下午活动的流畅性。因此,幼儿园午睡活动的指导显得尤为重要。幼儿园午睡活动的步骤和指导工作包括睡前的准备、睡前的组织、午睡的组织、午睡的管理、起床的整理工作。

第一步:睡前的准备工作

(1) 为幼儿创设一个良好的睡眠环境。卧室内环境应保持清洁、安静、光线柔和,周围色彩以冷色为主,配天空、星星、月亮的背景为佳。室温以 20~22 ℃,湿度以 40%~60% 为宜。

(2) 保教老师每天应坚持在幼儿午睡前一小时打开门窗,交换室内外空气,使午睡室空气清新。

第二步:睡前的组织工作

(1) 午睡前宜安排安静的活动。如果睡前安排过多或强烈的运动,容易引起幼儿兴奋、神经紧张。因此,在午饭后,宜为幼儿安排一些安静放松的活动,如听歌、看书、折纸、玩娃娃家等,使幼儿入睡时情绪安定。例如:

① 开放部分活动区让幼儿自主选择。引导幼儿选择一些安静的活动,如看图书、系扣子、穿珠子等。适宜开放的活动区有语言区、益智区等安静的活动区域,建构区、角色区、美术区等活动性较强的区域则不适宜在午睡前开放。

② 睡前谈话活动。教师照看幼儿进餐的同时,可与吃完饭的幼儿个别交谈,谈论一些孩子喜欢的话题,如孩子们最近关注的动画片、图画书等。这样可以密切幼儿和教师的关系。

③ 散步活动。领着幼儿自由地到户外散步,边走边观察。一方面,谈论自然景象,丰富幼儿的感知觉,另一方面,饭后散步有助于食物的消化和吸收。

(2) 睡前如厕工作。午睡前10分钟,做好提醒幼儿大小便的工作,使幼儿轻轻松松上床。

(3) 位置安排。一方面,避免有传染性的疾病(如感冒)交叉感染。另一方面,让邻床的幼儿掉头睡,以免幼儿之间相互说话、逗闹;较活跃、不爱睡觉的幼儿旁边安排较内向、睡眠良好的幼儿,使其没有交流的对象。

第三步:午睡的组织工作

(1) 轻声走进卧室。此时,可以利用小游戏,告诉幼儿走路要像小猫,轻轻走路没声音,比一比谁拖鞋换得快还不出声音。

(2) 按顺序脱衣服并放在固定位置。睡觉时,不适宜穿太多的衣服。午睡前要求幼儿先脱裤子,折叠方法是裤腿对折;后脱上衣,折叠方法是"扣子找扣眼,袖子找袖子,两个好朋友,见面握握手",最后再对折一次,将衣服放在床的右侧。

(3) 盖好被子准备入睡。为了使幼儿养成正确盖被子的习惯,可以利用儿歌进行教育:"掀开一扇小门,轻轻慢慢钻进,再把小门关紧,快快闭上眼睛。"这样幼儿可在儿歌中学到盖被子的方法。

(4) 幼儿入睡。一般来说,幼儿躺下后15分钟左右入睡的占75%,20分钟左右入睡的占21%,40分钟入睡的占4%。

第四步:午睡的管理工作

(1) 教师要检查幼儿是否拿着有安全隐患的物品上床,如按钉、铅笔或坚硬的小物品等。

(2) 午睡时间,值班教师及工作人员应保持安静。教师切忌在幼儿午睡时窃窃私语,影响幼儿睡眠质量。

(3) 定期巡视幼儿午睡,细心观察幼儿的举动。孩子身体不适或生病时常会表现在睡眠上,教师要善于观察发现。如幼儿在入睡以后,神情呆滞、面带潮红、呼吸急促,预示其可能发病。教师要克服幼儿睡觉时无须看护的麻痹思想,一般来说,每隔15分钟巡视一次,及时发现问题、处理问题,杜绝意外事故的发生。

(4) 针对中午不愿午睡的幼儿,需要与家庭配合,帮助其建立良好的睡眠习惯。实在无法入睡的幼儿,应避免让其消极等待或者影响其他幼儿入眠,可安排其在教师的照顾下进行一些安静的活动。

(5) 及时做好午睡记录,并与配班老师密切配合,有针对性地采取相应的措施。例如,幼儿有时睡前喝水喝得太多或个别有尿频症的,教师就要有意识地对其加以观察,耐心地督促,在一定的时间轻轻地提醒,提高幼儿的睡眠质量。

第五步:起床的整理工作

(1) 起床前10分钟开始放音乐,可使醒了的幼儿欣赏音乐,没醒的幼儿渐渐从睡梦中醒来。这样下午就会精神饱满,还可以防止幼儿因突然中断睡眠而引起恐惧心理。

(2) 幼儿起床后,不宜马上叠被褥。应该把被子翻个面,平摊于床上,打开窗户,让室内外空气对流,使被子中的湿气和气味自然排除,过20分钟再叠被。

(3) 针对托、小班需要特殊照料的幼儿,可由保教老师帮助或辅助完成床铺的整理工作;对于中班的幼儿,可以在日常教学活动中渗透叠被褥活动,学习自行整理被褥;对于大班的幼儿,要求其能够自己完成床铺的整理工作。

(4) 起床整理后,幼儿如厕、喝水。

(七) 离园环节

离园活动是指幼儿放学前由教师组织进行的一项活动,具体内容包括离园前教育教学活动的组织、离园前幼儿整理活动的组织、离园时家园沟通工作的开展等。离园活动是幼儿园一日保教活动的重要环节,也是幼儿园一日生活的重要组成部分,能够总结与评价当日活动情况,预先提供明日学习与游戏活动的信号。实际操作中,由于离园环节处于一日活动的尾声,许多教师并没有正视这一环节的组织,以为把幼儿送回家就等于结束离园活动,浅化和窄化了离园活动的内涵。主要问题表现在两个方面:一方面是出于对幼儿安全方面的考虑,教师在离园环节要求过多,给幼儿自主选择的机会少,导致幼儿缺乏应有的放松和自由;另一方面表现在离园环节过度放任,离园活动缺少必要的组织和管理,环境和材料不能很好地吸引幼儿,幼儿无所事事,就容易出现冲突、磕伤或走丢等情况。因此,我们要十分重视离园环节的组织与指导。

幼儿教师应从一日活动的整体、幼儿发展性目标等宏观层面去把握离园活动,它不是一日活动的结束,而是一日活动的新开始。通过帮助幼儿完成整理活动,养成良好的生活习惯;通过与幼儿共同回顾一日生活,帮助幼儿梳理和提升经验。离园活动能帮助幼儿用更为积极的态度来园,告别今日是为了更好地迎接明天。离园活动的丰富内涵正在于此。

离园活动的指导要点

(1)离园前的物品整理。离园前帮助幼儿将玩具、图书、衣物以及需要分发的学习材料或物品提前放置好,指导幼儿收拾好相关物品,必要时对家长进行书面温馨提示。

(2)离园前的仪表整理。离园前帮助每个幼儿整理仪表,让家长看到的是衣着干净、整齐的孩子。

(3)离园前的家长沟通。离园活动是家园联系的重要枢纽,教师要利用这个环节,针对不同年龄段的孩子,就家长所关心的问题,以简单明了的形式告知家长,让家长清楚地了解孩子在园一天的情况,加强家园合作。

(4)离园活动的组织。离园环节作为一日生活不可或缺的部分,教师要有计划地组织好每天的离园活动,如引导幼儿回忆一日活动,或选择一些受空间、时间、材料、人数等因素限制较小的游戏,教师容易组织,孩子们又乐意参与。

(八)过渡环节

过渡环节应该被视为独立的活动并受到足够的重视。一般来说,过渡环节就是一日常规活动中各环节之间的空隙。但具体而言,幼儿园活动过程中的过渡环节不仅包括两个活动之间转变的时候,还包括活动位置的转移、活动材料的变化、幼儿穿着的变化、照顾者的变化及幼儿玩伴的改变。过渡环节被教师认为是需要快速度过的时间,以便开展一日活动中下一个"真正"的活动。最糟糕的情况是,过渡环节变为幼儿和教师之间的"权力斗争"。幼儿抗拒转换活动,而教师却强制幼儿按计划进行下一个活动。因此,教师要重视过渡环节的组织,将过渡环节看成一个真正的、有意义的教育机会,如与幼儿一起探索如何保留正在进行的工作。

过渡环节本身是教育、教学活动的组成部分,应与教学活动相结合,共同实现教学活动目标。过渡环节应纳入幼儿园整体课程体系中,成为教学活动的重要组成部分,这就需要教师精心设计。合理地计划和实施过渡环节,做到预先设计、并行管理,不仅能减少幼儿问题行为发生的频率,避免幼儿被动等待,还能辅助集体教学活动目标的达成,实现幼儿园一日活动目标的一体化。

过渡环节中存在的问题

（1）幼儿被动等待,教师消极控制。每次过渡环节都存在幼儿被动等待的问题。幼儿无所事事地游走在教室,而教师只是消极控制幼儿,避免出现安全问题即可。其根本原因在于教师的幼儿教育观念陈旧,教育意识淡薄,教师将教育教学工作"任务化",以"保姆式"的方式作用于幼儿。

（2）过渡环节缺乏教育性。过渡环节处于教育"真空"状态,幼儿无法在这一环节中获得身心的发展。其主要原因在于教师缺乏教育意识,不能抓住过渡环节的教育契机,特别是不能将过渡环节与主题教学活动相结合,并为主题教学活动目标服务。另外,教师追求教育活动的高效率,没有真正建立起以幼儿为本的教育理念。如教师在午休后独自忙着整理幼儿的床铺,却没有意识到整理床铺是一个教育契机。有些教师也曾尝试让儿童自己叠被子,可是这样做不仅秩序混乱,而且幼儿也叠不好被子,还得自己重新整理,反而加重了工作量,因此放弃了这种尝试。幼儿园的效率化使许多幼儿园片面追求外在的效果,而没有把幼儿本身的发展看作最重要的问题。

（3）过渡环节无法与主题教学发生联系。很多教师在设计和实施单元活动时,只注重集体教学活动目标的设计和达成,而忽视了过渡环节的处理,未将过渡环节也纳入整体目标中。其主要原因在于幼儿教师习惯于为了过渡而过渡,把过渡环节看作一个可有可无的过程。认为它不是"正规"的活动,本身没有什么意义,因此对其不够重视,更谈不上要紧密结合集体教学活动内容了。

过渡环节的指导要点

（1）调整过渡环节的时间以适应儿童发展的需要。一般而言,过渡环节的数量越少越好。一来避免幼儿因不可预测而导致的焦虑感,二来满足幼儿的自主性发展。若幼儿从早餐开始他们的一天,他们就可以在同一张桌子上进行计划活动。在这种一致性的工作框架中,用教师的创造力把过渡环节变得更有趣,比如使用各种不同形式的动作、歌曲、童谣和儿歌等,幼儿能在此期间过渡得更加流畅。

（2）在计划过渡环节时将每个幼儿视为独立的个体。上述策略能够对整个集体发挥较好的作用,但是个别的幼儿也仍有可能认为在一天中的某些时候进行改变十分困难。在这种情况下,给予充分的提示和最大的选择权并提供额外的支持是十分有效的。如果在过渡环节,一个幼儿有退缩的倾向或表现出对同伴的攻击性,教师可以在这个时间走到这个幼儿的旁边,加入他的活动中,这样就能让他参与过渡环节。

（3）为最长的过渡时间——清理时间做好准备。对于很多教师而言,清理时间是一天中压力最大的过渡时间,幼儿在此时很自然地倾向于继续玩。为了让清理时间过得顺畅,教师首先要认识到:幼儿想要继续玩,并不意味着他是坏孩子或是反抗的消极行为,相反,他们是很有积极性且参与的是有目的的活动,教师要将此阶段看成是学习的机会,进而引导幼儿结束活动,如教师视清理环节为:

① 解决问题的机会。"我在想我们应该把这个东西挂在哪里晾干?"

② 学习经验。"如何摆放材料更便于以后使用?"

③ 游戏、乐趣。创编一个整理游戏,背诵童谣等。

思考:

1. 你所见习或实习的幼儿园在生活活动各环节的组织方面存在哪些可以借鉴之处,请举例说明。

2. 你所见习或实习的幼儿园在生活活动各环节的组织方面存在哪些问题?如何优化?

第三章　幼儿园集体教学活动实践

1. 集体教学活动在幼儿园教育中有哪些价值？
2. 集体教学活动设计有哪些基本要素？各要素之间有什么联系？
3. 撰写集体教学活动方案时应包含哪些基本要素？方案的基本格式是什么？
4. 集体教学活动方案设计和说课有什么区别？

一、幼儿园集体教学活动实践内容

内容一:分别对五大领域各个领域的教学活动(共5个活动)进行听课和评课,并做好记录。			
活动主题		教学时长	领　域
幼儿人数		年龄段	执教教师（教龄）
桌椅、白板等设备摆放示意图			
活动目标			
活动支持材料			
活动过程记录			

反　　思
值得学习之处：   值得反思之处：

内容一：分别对五大领域各个领域的教学活动（共5个活动）进行听课和评课，并做好记录。					
活动主题		教学时长		领　　域	
幼儿人数		年龄段		执教教师（教龄）	
桌椅、白板等设备摆放示意图					
活动目标					
活动支持材料					
活动过程记录					

反 思
值得学习之处：   值得反思之处：

内容一：分别对五大领域各个领域的教学活动（共 5 个活动）进行听课和评课，并做好记录。					
活动主题		教学时长		领　域	
幼儿人数		年龄段		执教教师（教龄）	
桌椅、白板等设备摆放示意图					
活动目标					
活动支持材料					
活动过程记录					

反　思	
值得学习之处：	
值得反思之处：	

内容一:分别对五大领域各个领域的教学活动(共 5 个活动)进行听课和评课,并做好记录。					
活动主题		教学时长		领　域	
幼儿人数		年龄段		执教教师（教龄）	
桌椅、白板等设备摆放示意图					
活动目标					
活动支持材料					
活动过程记录					

反　思
值得学习之处：   值得反思之处：

内容一：分别对五大领域各个领域的教学活动（共5个活动）进行听课和评课，并做好记录。				
活动主题		教学时长		领　域	
幼儿人数		年龄段		执教教师（教龄）	

桌椅、白板等设备摆放示意图

活动目标

活动支持材料

活动过程记录

反　思
值得学习之处：
值得反思之处：

内容二:撰写一份集体教学活动方案,主题、年龄段、格式等自拟

内容三:与指导教师研讨,修改"内容二"教学活动方案
(记录重点修改之处,并说明修改原因)

内容四：根据前面设计的教学方案，撰写该教学活动方案的逐字讲稿

内容五:尝试实施自己设计的教学活动,并邀请同学和指导教师听、评课				
教学活动主题			时 间	
幼儿人数			幼儿年龄段	
指导教师			听评课参与人	
过程记录				
教师评课记录:				
同学评课记录:				

内容六：教学活动实施反思
（从主题的选择、目标的落实、教学重点的突出、教学过程等方面反思教学实施情况）

内容七:撰写教学活动说课稿	
说"教学基本信息"	
说"教学设计意图"	
说"教学活动目标"	
说"教学活动内容"	

说"教学思维模式和教学方法"
说"教学资源运用"
说"教学环节组织与实施"
其 他

内容八：修改并完善自己设计的教学活动方案

二、幼儿园集体教学活动组织与实施的操作要点

教学活动目标的制定要点

（一）制定教学活动目标的要点

1. 目标是学习的结果而不是过程

教学活动目标要规定经过教师的教学和幼儿学习的一系列过程以后，最终要求幼儿达到什么标准，或能够做些什么，而如何达到这一结果的过程则不属于教学活动目标。在教与学的过程中，幼儿最终获得的知识和能力以及形成的个性化行为才是目标。因此，过程不能成为教学的目标，因为目标的本质特性就是一种终结性，而过程的本质是一种动态流程。"学习……"这种表达是强调学习的过程而不是学习的结果。

2. 行为主体应是幼儿，而不是教师

教学活动目标是指在学习活动后，幼儿能够达到的结果性行为，而不是教师要达到的行为。因此，教学活动目标表达的主体应该是幼儿而不是教师。这一点，不少教师容易混淆。他们认为，教学既然主要是教师在教，因而其目标应当是教师能够干什么。如果将教学活动目标改为"学习目标"，似乎就不易混淆了。其实，教学活动目标和学习目标本质是一致的，属于同一概念，只是不同的人有不同的使用习惯而已。因为，教学是以幼儿为中心，教师教学的一切行为都是为幼儿服务的。

3. 目标要明确、具体、可操作性强

从幼儿园教育目标体系来看，从低到高，各层次目标越来越抽象、概括和笼统，作为最具体、最底层的主题教学活动目标，其特点就是具体、明确、可操作性强，能具体指导、调控教师的教学过程。否则，也就丧失了其作用。可以说，目标越是明确和具体，目标的可操作性就最强，而目标的达成度就越高。但就目前幼儿园的情况看，不少公开发表的带有"范例性"的教案仍然使用很多不具体、笼统的词语。如"促进幼儿德智体美等全面发展"就是一个大而全的要求，幼儿不可能在一次学习后实现，此目标也无法操作。像这样的目标就属于将"教育目的"和"教学活动目标"混淆了。我们可以用一个例子区分一下教育目的和教学活动目标的差别：

教育目的：艺术欣赏水平的提高；

教学活动目标：能识别不同节奏的乐曲所表达的情绪。

4. 目标应具有可观察性和可测量性

教学活动目标的一大功能即用来测量和评价幼儿的学习效果，因此，教师所表述的教学活动目标应当能够体现出可观察和可测量的功能。如"培养幼儿的合作精神"这个目标，就无法体现其可观察和可测量性。有些教师比较习惯用含糊的用语表述教学活动目标，如"理解、体会、掌握"等。但在教学之后，教师很难测量幼儿在这些方面表现出的行为的程度。因此，教师在表达教学活动目标时，选用的行为动词应该是能够描述幼

儿所形成的可观察、可测量的具体行为的词语,如"说出""阐述""表达""展示"等,而不是"掌握""领会""理解"这样的描述内部心理变化的词语。

(二) 表述教学活动目标的基本要素

美国心理学家马杰(R. E Mager)在行为主义心理学理论基础上提出了目标陈述技术。马杰认为,表述得好的目标具有三个要素:

一是说明通过教学后儿童能做什么(或说什么);

二是规定儿童行为产生的条件;

三是规定符合要求的作业标准。

一个正确的教学活动目标应当同时具备以上三个要素。例如:"通过照镜子(条件),观察并画出自己的脸(行为),能画出脸的主要部位(标准)。"又如:"给出5道5以内的加减法题,幼儿能在3分钟内给出答案,正确率为90%。"

(三) 制定教学活动目标的维度

制定适宜的教学目标是教学设计的最重要环节之一。教学目标的制定可以进行先分维度,再划分层次,然后在相应的层次选择精准的词汇使目标具体化。表3-1是目标的层次分解。

表3-1 三维目标层次分解

三维目标	各领域目标层次
认知领域	了解
	理解
	应用
方法和技能领域	模仿
	独立操作
	迁移
情感、态度、价值观领域	感受
	反应
	内化

1. 认知领域目标

在教学活动设计中受到最多关注的就是认知领域的目标,它包括知识或信息、命名、解决问题、预测以及其他方面的智力因素。认知领域目标可以分为三个层次水平,即了解水平、理解水平和应用水平。三个层次逐层递进。

了解水平:再认或回忆知识;识别、辨认事实或证据;举出例子;描述对象的基本特征等。可以用到的动词有:说出、背诵、辨认、回忆、选出、举例、列举、复述、描述、识别、再认,等等。

理解水平:把握内在逻辑联系;与已有的知识建立联系;进行解释、推断、区分、扩展;提供证据;收集、整理信息等。可以用到的动词有:解释、说明、阐明、比较、分类、归纳、概述、概括、判断、区别、提供、把……转换、猜测、预测、检索、收集、整理,等等。

应用水平:在新的情景中使用抽象的概念、原则;进行总结、推广;建立不同情境下的合理联系等。可以用到的动词有:应用、使用、质疑、辩护、设计、解决、撰写、拟定、检验、计划、总结、推广、证明、评价,等等。

2. 方法和技能领域目标

教学活动目标的第二个领域是方法和技能领域,它包括需要运用并协调身体的动作,如体育活动中的操作、操纵等技巧,或是在认知领域的基础上掌握学习过程中面临的各种学习方法和技巧。方法和技能领域的目标可以分为三个层次,即模仿水平、独立操作水平和迁移水平,三个层次逐层递进。

模仿水平:在原型示范和具体指导下完成操作;对所提供的对象进行模拟、修改等。可以用的动词有:模拟、重复、再现、模仿、例证、临摹、扩展、缩写,等等。

独立操作水平:独立完成操作;进行调整与改进;尝试与已有技能建立联系等。可以用的动词有:完成、表现、制定、解决、拟定、安装、绘制、测量、尝试、实验,等等。

迁移水平:在新的情境下运用已有的技能;理解同一技能在不同情境中的适用性等。可以用的动词有:联系、转换、灵活运用、举一反三、触类旁通,等等。

3. 情感、态度、价值观领域目标

教学活动目标的第三个领域是情感、态度、价值观领域。情感、态度、价值观领域包括态度、鉴赏力、价值观、动机以及感情方面的享受、保护和尊敬等子目标。这个领域通常在教育中被认为是意义非同一般的,但又是我们所知甚少的一个领域,特别是在设计具体的、可操作性强的教学活动目标方面更是如此。情感、态度、价值观领域目标也可以分为三个层次水平,分别是经历(感受)水平、反应认同水平和领会(内化)水平。三个层次逐层递进。

经历(感受)水平:从事相关活动,建立感性认识等。可以用到的动词有:经历、感受、参加、参与、尝试、寻找、讨论、交流、合作、分享、参观、访问、考察、接触、体验,等等。

反应认同水平:在经历基础上表达感受、态度和价值判断;做出相应反应等。可以用到的动词有:遵守、拒绝、认可、认同、承认、接受、同意、反对、愿意、欣赏、称赞、喜欢、讨厌、感兴趣、关心、关注、重视、采用、支持、尊重、爱护、珍惜、蔑视、怀疑、摒弃、抵制、克服、帮助,等等。

领悟(内化)水平:具有稳定态度、一致行为和个性化的价值观念等。可以用到的动词有:形成、养成、具有、热爱、树立、建立、坚持、保持、确立、追求,等等。

教学活动内容选择的要点

（一）教学内容的广度

1. 注重各领域之间的"晕化"

当前，随着学科分化的日益加剧，越来越不能简单地按照人类知识体系中的学科来建构幼儿园教学内容体系，而应该充分地考虑知识的"晕化"，以及知识系统的一体化。这里的"晕化"是指幼儿园各领域间是相互渗透、相互联系的，不存在绝对的界限，只存在动态的、相对区别的"领域"。知识"晕化"、一体化理念的做法之一就是整合课程、主题网络课程的设计及相应的教学活动设计。如果只停留在"知识"这个层次而不注重非学科化的知识，那么我们就会使知识的学习变得过于零碎或漫无边际。因此，教师在选择教学活动内容时应当追求各领域之间的融合和渗透，力求一个教学活动目标通过多领域内容来实现。

2. 融通教学与生活经验

教师需要认识到：第一，幼儿学习是幼儿生活的一部分，但又不能等于幼儿生活，而应该看到它的特殊性，即它是幼儿生活中学习含量高的那个部分，因此它应该与幼儿生活融通，这是局部与整体的融通；第二，幼儿本来就是社会的一个组成部分，幼儿生活也是社会生活的一个组成部分，这个组成部分有其特殊性，儿童的学习生活既要与大社会生活融通，又必须保持其特殊性；第三，儿童学习与社会生活的融通，意味着教师在选择教学活动的内容时，必须符合时代发展、社会发展的现实和趋势。

（二）内容模块化处理

内容模块化处理指的是将一组逻辑相关的主题集中为一个模块，教学可以由许多模块组成。在教学活动中，模块也就是教学活动的环节，但模块更加强调内部逻辑的相关性。教学活动内容为什么要进行模块化处理呢？原因在于，从记忆的原理分析，模块化处理有利于儿童的组块记忆。

组块记忆心理学研究发现，人的短时记忆是以组块（chunk）为单位的，短时记忆的容量为7±2个组块。每一个组块内有多少个信息是相对变化的。一个组块可以是一个字母或数字、一组字母或其他材料，甚至一组词或一个句子，组块内部的信息是互相联结的，而不是各自孤立的。学习无关联的材料时，可以把孤立的记忆材料建构为一个大的组块。利用组块来记忆可以大大增加人的记忆容量。组块现象在各种学习材料中大量存在着。例如汉语中的成语、谚语、词组，英语中的短语、习惯用语，人的名字、职务，甚至数学公式也存在着组块。

可见，"组块"是记忆的特殊单位，是一个有一定可变度的客体，它所包含的信息可多可少。若要增加短时记忆的容量，可以利用已有的知识经验，通过信息加工，将若干较小单位联合成熟悉的、较大的单位，扩大每个组块中的信息量来实现。短时记忆的容量的决定因素，往往不是信息的绝对项目数，而是其组块数。如I、l、u、v、o、y、e、o是8个字母，这8个字母通过短时记忆的话并不容易记住，但是如果将这8个字母按照组块记忆的话,它会变成"I""love""you"三个单词组成的一句话。孤立地记忆 8 个字母是 8 个组块,而按照单词记忆就只有 3 个组块。通过组块,就记住了更多的信息而又减轻了记忆的负担。

教师在进行教学内容的组织时,可以利用组块记忆的原理,将逻辑相关的内容组合成一个模块呈现给儿童,这样不仅能帮助儿童理解和记忆,还有利于儿童结构化的学习,促进儿童有效地迁移知识。

(三) 内容序列化处理

将内容分成不同的模块后,如何处理这些模块的先后呈现顺序呢?在教学实践中,我们经常会发现,在其他因素一致的情况下,由于教师呈现内容顺序不同而产生不同的教学效果。所以,教学内容选择和确定后,并不是杂乱、随意地拼凑在一起的,而是要按照一定线索组织成有内在联系的整体。这项工作被称为教学内容序列化处理。

依照怎样的优先次序编排教学内容呢?内容排序的方法有很多。我们可以借鉴波斯纳(Posner)和斯特赖克(Strike)提出的教学内容排序策略。它是基于学习关联、世界关联和概念关联的排序[①]。

我们先来概览一下这三种排序的方法。第一种是学习关联排序,其排序的方法是基于对儿童特征的分析。这种排序方法考虑了学习材料本身的难度、学习内容对儿童本人的吸引力或兴趣程度、先决性信息要求如何、儿童认知发展水平等各种因素。由于这种排序法是从儿童的需要出发来安排教学内容的,所以很适宜作为教学单元的初始排序之依据。

世界关联排序和概念关联排序,是基于单元教学内容的类型做出的排序方法。比如说,世界关联排序以教学内容的空间、时间、物理之间的同一关系为基础。同样,概念关联排序则是以概念之间的关系为基础的。经过基于儿童特征的最初排序后,你必须从世界关联或概念关联排序中选择一个适合教学内容的最佳方案。所以,如果你想为一系列相关概念排序(如食草动物、食肉动物、杂食动物及其具体实例),决定哪一个概念排在最前面,哪个排在第二和第三,那么,以概念相关排序为依据将是最合适的。三种排序方案如表 3-2 至表 3-4 所示。

表 3-2　学习关联排序

现象	实例/原理
相关的先决条件	首先教会一项技能,并用它来完成另一项技能 在教儿童计数之前先教儿童点数
相似性	开始于最熟悉的信息,再逐步推进到最远的部分 先教我们周围的哺乳动物,再教其他地区的哺乳动物

---

① Steven M. Ross. 设计有效教学[M]. 严玉萍,译. 北京:中国轻工业出版社,2007:123.

(续表)

现象	实例/原理
难度	在教较难的知识前,先教容易的知识 先辨认三角形,在学习画三角形
兴趣	开始于能激起儿童最大兴趣的主题或任务 先让儿童玩水里的东西,再教他们沉浮的原理
发展	在教一项任务和主题前,确定他已达到的发展水平 教儿童辨认绿颜色,再教他们怎么读这个单词

表3-3 世界关联排序

现象	原理/实例
空间	从左到右,从上到下,从北到南 描述一种植物从花蕊开始,再有顺序地转到根上
时间	按照历史事件的先后顺序;从快到慢 当描述怎么跳远时,按照顺序依次描述每一个步骤
物理	按形状、质地、大小、颜色等排序 当探索布的吸水性时,按照布的质地进行分类(麻布、化纤等)

表3-4 概念关联排序

现象	原理/实例
类别关联	先教类别的特征,再教类别中各组成部分的特征 先教动物的概念,再教动物的种类
命题关联	先给出一个例子,再给出命题 先给儿童一些金属膨胀的例子,然后解释金属受热后会膨胀
复杂性	从具体的、简单的概念过渡到抽象的、复杂的概念 先教苹果、葡萄的概念再教水果的概念
逻辑上先决条件	首先教逻辑上先决条件的概念 先教三角形的概念,再教等边三角形概念

(四)图片的选择和设计要突出教学关键特征

教学中用什么样的图片,是逼真的照片还是突出关键特征的线条画?现代科学技术发达,获取逼真的图片已不是难题。很多教师很喜欢使用一些实物照片,认为这样更真实,效果更好,但这种直觉的认识并不为研究所支持。

德威厄(F. M. Dwyer)在1967年做了一个研究,让四组大学生学习人的心脏解剖结构。四组都听有关心脏知识的录音讲解,但使用的辅助手段不一样:第一组,一边听录音,一边在屏幕上看录音中提到的心脏各部位的名词;第二组,一边听录音,一边看屏幕上有关心脏各部位的轮廓图;第三组,一边听录音,一边看屏幕上有关心脏各部位的带有阴影的较详细的图;第四组,一边听录音,一边看心脏的照片。实验结果发现,轮廓图突出了心脏的关键特征,消除了无关特征,所以它产生了最佳的学习效果。而实物的照片增加了无关特征,掩盖了有关特征,故导致学习效果最差。

这项研究说明,使用图片进行说明时,图片要能突出事物的关键特征,这样才能取得比较好的效果,但这并不是说照片的效果不好。好与不好的标准要看图片突出关键特征的能力。有时照片不如轮廓图能突出事物的关键特征,有时轮廓图不如照片能突出关键特征。教学中到底该采用什么图片,要根据这一标准来选择,但不能简单认为,逼真的照片的效果一定比轮廓图效果好。

这一点在幼儿园的教学活动中也同样适用。幼儿教师需要找准教学活动的关键经验,设计的图片、玩教具一定要为教学服务,帮助教师实现教学活动目标,同时要记住,非关键经验越是突出,教学的效果将会越差。

教学活动过程设计与实施的要点

(一) 有效的教学导入策略

1. 向儿童明确呈现目标

教学活动目标对儿童的学习如何起作用?现代认知心理学出现以后,研究者运用认知心理学的概念与原理进行解释,认为教学活动目标起到对儿童的注意进行引导的作用,使儿童更关注目标指向的学习内容。这一观点得到了许多实证研究的支持。

达蒂斯(G. T. Datis)1970年以十年级儿童为被试,以"健康教育"作教材,比较了精确的目标、含糊的目标和无目标三种条件对儿童学习成绩的影响。结果发现,精确陈述的目标同另外两类目标相比,前者促进了儿童学习成绩的提高。汉密尔顿(R. J. Hamilton)1985年回顾了一系列有关研究,发现各种不同类型的目标都有助于儿童回忆他们阅读过的材料。只要目标清晰地陈述了要学习的材料,不论目标的类型如何,都有助于言语信息的保持。[①]

教学初期,大多数儿童都不明确他们所应达到的学习目标。也就是说,他们对应掌握的知识技能及所应具备的资质都不甚了解。在这种情况下,他们就会对相应教学活动产生莫名其妙的焦虑,这种焦虑无法使儿童长时间保持注意力集中,使他们在学习过程不能做到全神贯注。所以,在教学之初,教师就应向儿童讲明他所应达到的目标。这样就消除了儿童对学习的莫名焦虑和疑惑,树立起对学习相应内容的合理期望。

2. 提供先行组织者

促进新旧知识联系是最为关键的一个教学事件,可以说是整个教学过程的核心。如果说给儿童提供概览是促进新学习的知识之间产生内部联系,那么提供先行组织者就是促进儿童的新旧知识发生联系。只有建立这两种联系,新的知识才算被理解和习得。

---

① 王小明. 教学论——心理学取向[M]. 上海:上海教育出版社,2005:86.

先行组织者教学技术是奥苏贝尔提出的,它是指先于学习任务本身呈现的一种引导性材料,比原学习任务有更高的抽象、概括和包容水平,并且能清晰地与原有观念和新的学习任务关联。设计先行组织者的目的是为新的学习任务提供观念上的固定点,增加原有经验的可利用性,或新旧知识之间的可辨别性。先行组织者的作用就好比一个树形结构中的主干,在儿童对新知识的学习过程中它起着标识作用,而树形结构中的分支则是即将要学习的内容。没有提供如上知识,儿童对新的教学内容易于模糊甚至完全迷失方向。先行组织者为儿童提供了挂靠关键概念的"智力之钩环",因而还有帮助儿童对以后的学习集中注意力的作用。

3. 激发儿童学习动机

凯勒(J. Keller)1987年开发了一个动机教学模式,即 ARCS 模式,其中 A 代表注意,R 代表相关性,C 代表自信心,S 代表满足。该模式由两部分组成:第一部分是在许多动机理论基础上提出的综合性的命题和原则;第二部分是动机设计过程,利用各种动机因素分析儿童的动机条件,以便形成合适的动机激发策略。表 3-5 列出了这一模式的大致架构。表中每个类别都提示了一些问题,供教师在处理儿童动机问题时提问,以指导其设计过程。

表 3-5 动机教学模式

种类		处理的问题
注意	A1 感知的唤起	我做什么才能引起他们的兴趣?
	A2 好奇的唤起	我怎么才能激起求知的态度?
	A3 变异	我怎么才能保持他们的注意?
相关性	R1 目标定向	我怎么才能满足学生的需要?
	R2 动机匹配	我怎样、何时向我的学生提供合适的选择、责任感和影响?
	R3 熟悉	我怎么才能将教学与学生的经验联系在一起?
自信心	C1 学习需要	我怎样才能帮助学生建立起积极期望成功的态度?
	C2 成功的机遇	学习经历怎样才能支持和提高学生对自己胜任能力的信念?
	C3 个人的控制	学生怎样才能清楚他们的成功是建立在努力和能力的基础上?
满意	S1 自然的结果	我怎样才能给学生提供应用他们新获得的知识或技能的有意义的机会?
	S2 积极的结果	什么东西将对学生的成功提供强化?
	S3 公平	我怎样才能帮助学生对他们自身的成就保持积极的感受?

激发动机主要是为了吸引儿童的注意力,并在随后的教学中加以维持。吸引儿童的注意可以用到以下几种方式。

(1) 将所教的内容与儿童的强烈兴趣做联结。教师可以用两种基本方式来创造联结:从儿童的兴趣开始,并和主题联结;或从主题开始,并和儿童兴趣联结。从儿童兴趣开始时,找出所有儿童的共同兴趣,并以它为核心主题。例如,儿童的共同兴趣是狗,教师就可以让儿童学习有关狗的材料,说狗的特性,或以狗为科学研究的主题,画狗,思考有关狗的数学问题。

(2) 以实际的问题开始一个主题。让儿童面临目前有兴趣的实际问题,而且是他们能够解决的,这些问题不是模拟的,而是教师刻意安排的。

(3) 提供真实情境中一个模拟的情境。真实情境中,许多教育因素都会呈现,教师可以呈现情境并向儿童提出问题。不论采取个人或小组的方式,儿童要依据角色来执行工作。例如,在学习交通规则的教学中,教师首先要求儿童扮演来自四面八方的行人,要求他们在同一时间过同一个十字路口,看会发生什么情况。通过这种情景的模拟,让儿童思考交通规则的意义。

(4) 指出何时何处用到所学的这些教学内容,帮助儿童认识和理解将要学习的知识的价值。若儿童在实际生活中有过相关经历,教师可直接说明主题的运用,解释将要学习的内容如何在生活中被使用。以学习交通规则为例,教师可以在儿童模拟完真实情境后,让儿童讨论,谈一谈为什么要学习交通规则,引导儿童认识到将要学习的内容的价值。

(5) 创设认知冲突或好奇新颖的任务情境。这种方法一般是给儿童呈现与其原有观念不一致的内容,或者从原有观念出发,推导出与原有观念矛盾的结论,从而引发认知上的冲突,引发儿童继续学习下去的兴趣。如很多儿童认为物体的沉浮于重量有关,教师可以给儿童演示一块被揉成球的锡纸,放入水中会沉入水底,之后再将锡纸取出,压平并放入水中,儿童会发现同样重的锡纸,只是"样子"不同就不会沉入水底了。通过教师创设情境,引导儿童实验的方法,引发儿童的困惑并使其尽力想弄清楚为什么。

(6) 解说成功应用的例子,提高儿童迎接将要来临的学习任务的自信心。教师向儿童介绍成功的个案或优良事迹,特别是儿童群体中的个体,让儿童了解自己身边的人如何从所学内容中受益,能够为儿童提供成功的替代性经验,使儿童对未来的学习产生信心。

(二) 教学活动过程要调动多种感官参与学习

新西兰教育家克里斯蒂·沃德(Christine Mary Ward)在《友善用脑》一书中提出的多感官教学法为我们提供了理论依据和实践方法。研究表明,调动越多的感官,就可以利用越多的大脑通络,从而建立起更多的神经连接。刺激多感官,可以建立对活动的深刻记忆,更多的信息能被轻松地存储下来。新西兰著名记者戈登·德来顿(Gordon Dryden)在《光明的未来》中也提出了通向大脑的六个主要通道:我们学习是通过我们所看、所听、所学、所嗅、所触、所做。这说明,在教学过程中,教师要有效地调动儿童多种感官,并让它们共同发挥作用,让儿童利用更多的大脑通路来处理学习信息,建立起对知识与技能的深刻记忆,从而促进儿童提高学习效率。

这些观点也在其他的众多研究中得到了证实。心理学研究表明,单用听觉,3小时后能保持所获知识的60%,3天后则下降到15%;单用视觉,3小时后能保持70%,3天后则为40%;如视听并用,3小时能保持90%,3天后为75%,这些统计数据说明视听并用将获得更多的教学信息量、更长的记忆保持时间和更好的学习效率。

运用一种或运用很少的感官,学习的效果并不良好。在学习的过程中,感官参与的量越多,学习效果就会越好。我们可以从心理学的研究成果中找到原因:研究还表明,人们接受外来信息和接受知识主要是通过人体的各种感觉器官来实现的,按其比例,视觉占83%,听觉占11%,嗅觉占3.5%,触觉占1.5%,味觉占1%。

儿童之间存在着很大的个别差异,他们的感官发展是不一样的,各人存在各自的优势,各有各的不足。有的儿童听觉发达,有的儿童视觉发达,有的儿童触觉发达,有的儿童则属于听觉、视觉、触觉统合发展型……单一感官刺激不能满足儿童获取知识信息的需要。在以往的教学中,我们常常采用一种教学方法贯穿始终,致使一部分儿童获取的信息较少,不能完全掌握所学内容,从而造成学习效率较低。

教师在教学中应尽可能多地让儿童多种感官参与教学活动,让儿童通过摸一摸、看一看、说一说、猜一猜等多种形式获取、接受、理解相关知识,从而提高儿童的学习效率。

(三)合理利用时间,保持教学活动的流畅性

就教学活动时间管理而言,教学活动时间一般可分为四种层次:(1)分配时间,即教师为某一特定的学科设计的时间,它是由课表决定的,这个时间主要是指学校的"计划课时数"。(2)教学时间,是在完成常规管理以及管理任务(如考勤、处理行为问题等)之后所剩的用于教学的时间。这个时间包含了教的时间、学的时间和管理的时间三个方面。(3)投入时间,也称为专注于功课的时间,属于教学时间。它是儿童实际上积极投入学习或专注于学习的时间。这个时间包含教的时间和学的时间。(4)学业学习时间,属于投入时间,指儿童以高度的成功率完成学业功课的时间,这个时间主要用于儿童学的时间。四个层次的教学活动时间之间的关系如图3-6所示。

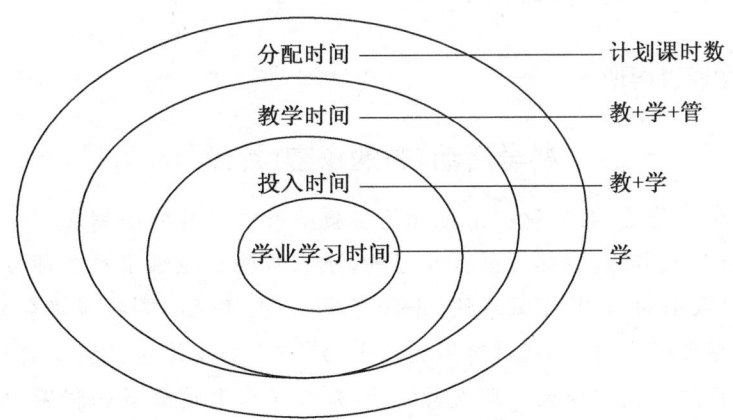

图3-6 教学活动时间分配

为了提高时间利用的效率,教师可以使用一些有效的教学策略,具体如下:

(1)增加参与。增加儿童的投入时间,开发和设计能够引起儿童的兴趣和儿童参

与程度高的课程。有研究表明,儿童自主参与活动比儿童在被动接收信息时更加投入。给儿童提供较多积极参与的机会,有利于增进学习;高效的集体教学活动比儿童独立学习时的投入时间要更多。

（2）保持动量。动量是指避免打断或放慢教学进度,即教学的紧凑性。集体教学活动过程中保持动量是儿童深度参与的关键,在一个保持良好紧凑性的班级里,儿童总是有事可做,并且一旦做起来就不会被打断。当儿童正全神贯注地听讲时,教师突然中断讲课,花几分钟(有时更长)时间大张旗鼓地处理一件本可以忽略的小事,这对参与的干扰极大。儿童浪费的不仅仅是一点时间,更糟的是,在处理事情之后儿童需要更多的时间安定和回到活动中。

（3）保持教学的流畅性。流畅性指不断地注意教学意义的连续性。流畅的教学从一个活动转向另一活动时所花的时间极少,但应避免毫无过渡地从一个主题跳到另一个主题上。儿童在活动过程中的许多不良行为都与教师的跳跃性有关。当教师毫无理由地走来走去,重复地复习儿童早已懂得的知识;或者无端停下来,思考下一个问题或准备材料;或中断活动,处理一件微小或完全可以在活动之后处理的事,都会产生纪律问题。

（四）教学活动结束的步骤及策略

教学活动结束的有效策略应该遵循由简入繁、循序渐进的原则,分为四个步骤:一是在原有的学习水平上进行回顾,突出所学内容的重点和难点;二是在回顾所学内容的基础上促进儿童在同一知识水平上进行迁移,促进儿童发散性思维的发展,使新学的经验纳入儿童原有的知识体系中;三是在同一水平的迁移活动的基础上引导儿童拓展和升华到更高的知识和能力水平,促进儿童构建新的知识体系;四是表演和展示,从儿童社会性发展的角度和教学评价的角度促进儿童交流和自我反思。

1. 回顾本次教学活动的重点与难点

教学情景再现

科学活动《布的秘密》片段①

儿童自由操作后,教师说:"请把你的实验结果告诉其他小朋友。"一名幼儿说:"我发现棉布会吸水的。""你观察得真仔细,还有哪些布能吸水?"教师接着问。"纱布、牛仔布会吸水的","棉布吸水快,牛仔布慢"。教师说:"哪些布不会吸水?"幼儿说:"雨伞布不会吸水的","塑料布不会吸水的"……幼儿纷纷交流了自己观察的结果。教师最后总结说:"今天小朋友真能干,知道了布有这么多的秘密,我们一起找一找教室里还有哪些布!"

---

① http://www.baby-edu.com/2011/0524/8660.html

> **分析**：以上案例中，教师把让幼儿去找更多的布作为活动的结束环节。很多教师将这种结束作为一种教学的延伸活动。实际上，教学的延伸更多指的是幼儿思维的延伸和拓展，而不是形式上的延伸或完成同一任务在时间上的延长。这样的教学结束不利于幼儿掌握知识。活动结束本来是一次很好的知识概括、拓展延伸的机会，但教师组织的结束与幼儿先前感知的布的吸水性关系不大，教师没有概括和总结，也没有引导幼儿比较分析。此结尾华而不实，缺少经验提升。

在教学活动结束的第一个环节，教师应该引导儿童回顾本次教学活动的主要内容，强调重点和难点，目的是使知识、技能、情感固化，为之后的学习奠定基础。这一环节的方法主要有归纳总结法和在此基础上的比较分析法。

（1）归纳总结法

在教学活动结束时，教师用准确凝练的语言，把教学中的主要内容加以总结概括和归纳，使儿童加深对所学知识、技能的印象。如科学活动《布的秘密》，在结束环节时，老师可以如此总结："通过实验我们知道了很多布的秘密，有些布会吸水，比如棉布、纱布、绒布、牛仔布；有些布不会吸水，比如尼龙布、塑料布；有些布吸水较快，比如棉布、纱布；有些布吸水较慢，比如绒布、牛仔布。"这样的结束强调了重点，巩固了学习的主要内容。

（2）比较分析法

儿童有两种学习方式——机械学习和有意义学习。机械学习是指儿童主要靠回忆进行学习，有意义学习是指儿童在学习过程中需有积极思考和分析比较的学习。雷卡兹（J. P. Rickards）的研究表明，当儿童进行有意义学习时比进行机械学习能记住更多的事实，所做的推理也更多。[①] 显然，当教师引导儿童进行有意义学习时，儿童不论从深度还是广度上都能取得更好的效果。

如果说归纳总结法是引导儿童进行机械学习的话，那么比较分析法就是让儿童在归纳总结的基础上进一步思考，引导儿童进行有意义学习。如《布的秘密》这一教学活动，在进行归纳总结后，教师可以引导儿童继续思考："吸水快的布和吸水慢的布有什么不同之处？"教师还可以引导儿童分析"为什么有的布吸水快，有的布吸水慢"。这样，儿童不仅可以再次巩固本次教学活动的内容，而且通过教师的提问，儿童能够带着悬念走出课堂，对问题进行更深层次的思考。

2. 促进儿童知识迁移

迁移主要是指儿童能够在同一知识和能力水平上做到举一反三、融会贯通。学习迁移能力的发展，是儿童创造性思维发展的一个重要侧面或途径，甚至可以说，学习迁移就是检验在教学过程中，是否达到发展智力或培养发散性思维能力的可靠的指标之

---

① Mayer, R. E.. Learning and Instruction[M]. New Jersey: Merrill Prentice Hall, 2003: 335.

一、[①]"为迁移而教"是当今教育界流行的一个很有吸引力的口号,其主要目的是让儿童"为迁移而学"并"学以致用"。儿童学习的目的不仅是把知识、经验储存在大脑之中,而是要将所学的知识经验应用于各种实际的不同情境中,去解决现实生活中的问题。如何有效地解决问题呢?这就必须通过迁移来实现。儿童的迁移能力正处于初始阶段,教师有意识地引导他们主动运用已有的经验,能够提高其学习迁移能力,从而为儿童的后续学习和终身学习打下基础。

引导儿童迁移的方法有两种,一种是引导儿童练习,练习的情境尽可能要与未来迁移的情境一致。如训练儿童在游戏场所应对陌生人拐骗的技能,则在练习时就要在实际的游戏场所,由陌生人向儿童许以好吃、好玩的诱惑来让儿童做出应对反应;迁移的另一种方式是使用变式,即引导儿童超越具体情境对知识、技能等的限制,寻找广泛使用的灵活的反应方式。如以下案例:

 **教学情景再现**

小班美术活动《小鱼小鱼游啊游》片段

活动准备:教师绘制一幅鱼儿在海里游的壁画(2.5m×1.5m)、水彩颜料、不同大小的瓶盖。

活动目标:幼儿学会用瓶盖拓印(泡泡)。

活动过程:(略)。

活动结束环节:

教师:小朋友们,我们今天在海里玩得很高兴,帮助鱼儿吐了很多的泡泡,大家猜猜,鱼儿高兴吗?

小朋友:鱼儿很高兴。

教师:我们以后要多帮助别人,这样的话别人会因为我们的帮助变得很高兴的。

分析:上述案例中,教师的行为看似有教学结束环节,但是这样的结束并不能引发儿童思考,也没有引导儿童迁移。给鱼儿印泡泡的主题与乐于帮助别人的结束语并无直接关系,结束环节过于牵强,并没有起到迁移的作用。不仅如此,教师的结束语与教学活动主题不符,给儿童造成认知干扰。

根据教学活动以促进儿童迁移为目标,上述教学可以采用这样的方式结束:

教师:小朋友们,我们用瓶盖给鱼儿印了很多的泡泡,大家想一想:我们还能用什么给鱼儿印泡泡呢?

小朋友:瓶子口、杯子盖、杯子口、纸杯、把纸卷成桶状……

---

① 魏家恩.浅谈幼儿学习迁移[J],河南大学学报,1998(6):19.

儿童在前面活动中已经理解和掌握了用瓶盖拓印的技巧,在此基础上也比较容易想出其他拓印工具。教师这样的教学行为,就是在使用变式,引导儿童在同一知识和能力水平上,进行发散性思维,培养儿童的创造性。

3. 引导儿童拓展和提升

促进儿童知识与能力的迁移,重点在于强调教师在结束环节再次强调教学活动的重点,通常教学重点与核心经验相关,重在鼓励每个幼儿掌握核心经验。而引导儿童拓展和提升更多关注的是教学难点部分,满足部分幼儿进一步拓展学习领域或问题深度,促进儿童高阶思维能力的发展。

仍以小班美术活动《小鱼小鱼游啊游》为例,了解迁移与拓展的区别及拓展的意义。

教师:小朋友们,刚才我们想出那么多的给小鱼印泡泡的方法,接下来大家再想想:除了能用圆形的东西印泡泡之外,还有什么东西可以蘸上水彩颜料印出好看的图案?

小朋友:我的手、积木、萝卜、花菜、切开的玉米、豆子、纸球……

不难看出,迁移的结束策略是指在同一个知识、技能层面引导儿童思维发散,而拓展是在迁移的基础上,在更高的知识和技能水平上引导儿童思考和创新。从心理学的角度而言,迁移的结束策略是一种同化,即把新的知识、技能或情感纳入原有的知识体系中,使其成为儿童自身原有经验的一部分;而拓展是顺应,即儿童所学习的新经验不能纳入原有经验体系中,需要重新建立新的结构。因此,儿童需要在掌握迁移的基础上进一步拓展和提升。结束环节引导儿童拓展,可以给儿童更多想象和思考的空间,使封闭的教学走向开放。

4. 展示儿童作品

教学活动中的交流不仅指师幼之间的交流,儿童与其同伴的交流必须重视。同伴的替代性经验对于儿童的成长更加直接和有效。同伴间的交流,不仅有利于他们分享经验、交流各自的想法,还有助于儿童重新思考自己的作品,有助于发现问题和自我反思。

 教学情景再现

中班美术活动《我的背心最好看》[①]

活动目标:(略)。

活动过程:

一、儿童用铅画纸裁剪背心并穿上。

二、在别的小朋友背心上作画。

活动结束环节:

教师:大家做的背心都很好看,而且我们在别人的帮助下使白背心变成好看的

---

① 案例选自陕西省安康市某幼儿园教学活动。

> 花背心,我们是不是要感谢为你背心作画的小朋友啊?现在大家都向给你作画的小朋友表示感谢吧。
>
> 教师:时尚背心展示会就要开始了,请小模特们准备上场。(音乐响起)
>
> 教师:我们做了这么多的时尚背心,接下来我们开个小店把漂亮背心拍卖了吧。(教师引导儿童将制作的背心挂起来相互欣赏,看谁制作的背心卖得最好)
>
> **分析:**这个教学活动的结束环节,教师不仅让孩子们学会了感恩,而且设计了情境化活动"背心展示会",使儿童在参与活动的过程中展示自己的作品。最后教师还将活动进一步延伸,设计"开背心商店拍卖"的活动,再次展示儿童作品,通过"谁的背心卖得好"引导儿童观察和比较自己与别人的作品,以此来自我反思,促进儿童的发展,可谓是一次高效的教学结束。

教学活动的最后一个环节可以通过展示儿童的作品促进儿童之间的交流和互动。如美术、表演等教学活动后,教师可以将儿童的作品陈列出来或是给儿童提供表演的机会,引导儿童相互欣赏和学习,为儿童后续学习树立榜样,而不是将作品带回家让父母欣赏,将活动走向完结和封闭。

教师也应当积极地将儿童作品作为教学环境创设的资源,如将儿童作品作为墙面创设的材料。这样不仅可以装饰环境,更主要的是让儿童参与环境创设能够增强儿童的归属感和主动性。

教学结束环节是一个完整的教育教学活动必不可少的有机组成部分,高效的教学结束策略能够使教学走向开放,引发儿童更多的思考。可以说,"一个好的结束是下一个活动的开始。"很显然,精心设计一个适宜而有效的结束方式很有必要。

第四章　幼儿园区域活动实践

1. 幼儿园为什么要组织区域活动？
2. 区域活动与集体教学、生活活动之间有哪些联系和区别？
3. 幼儿园区域环境整体布局应注意哪些问题？
4. 幼儿园各区域环境创设的基本要素有哪些？
5. 区域材料投放应注意哪些问题？
6. 如何体现区域材料的多样性、层次性等特点？
7. 区域活动组织与实施中应注意哪些问题？
8. 教师如何观察和记录幼儿区域活动中的行为并给予回应和支持？

一、幼儿园区域活动实践内容

内容一:观察并记录(可以绘制示意图)幼儿园室内外(班级、走廊、室外等)空间的整体区域布局

反　思
值得学习之处：   值得反思之处：

内容二:绘制幼儿园班级区域环境布局图及动线(注意比例)
反　　思
值得学习之处：   值得反思之处：

内容三:记录和评析幼儿园各个区域投放材料情况
(从与课程的结合水平、层次性、科学性等方面分析)

反　　思
值得学习之处：   值得反思之处：

内容四:记录(可附照片)与评析区域材料动态变化情况(建议连续观察一个月)
(更换了哪些材料,更换材料的原因等)

反 思
值得学习之处: 值得反思之处:

内容五:观察、记录与评析区域活动组织与实施情况
反　　思
值得学习之处：   值得反思之处：

内容六:连续观察1~2名幼儿区域游戏过程,并分析幼儿游戏行为	
观察时间	观察对象
选择观察对象的原因	
观察工具	
观察方式	
观察时长	
幼儿行为描述	
幼儿行为动机分析	

幼儿发展水平分析
（认知、动作技能、社会性、情感、解决问题能力等）
支持策略及效果

内容七:撰写一个幼儿自主游戏故事
(以叙事性的方式阐述游戏故事,包含背景、场景、时间、地点、人物、事件的起因、经过、结果等信息)
谈一谈一个好的游戏故事应具备哪些特征:
请列出你搜集到的幼儿园游戏案例相关文献,并分享给同学:

二、幼儿园区域活动组织与实施的操作要点

（一）幼儿园室内区域布局的程序及要点

所谓布局，就是在班里活动室如何摆放区域的问题。幼儿园室内区域创设的基本程序如下：

第一步：确定集体教学空间和区域创设的空间

首先，要考虑教师的站位。教师所站的位置必须能看到整个活动室，对幼儿的活动情况一目了然，也就是最方便管理幼儿、照顾幼儿的那个位置。一般来讲，教师都会选择靠近门口，有黑板、电视的位置。接着，要考虑桌子怎么摆。按一个班30个幼儿来算，班级里就有五张六人桌，六人桌主要是吃饭时用，可以把六人桌摆放在靠近门口处，方便教师安排吃饭和需要用桌子的区域活动。同时，也要考虑方便教师的集体教学，集体教学多的话桌子摆放就集中一点，若集体教学不多，就可以分散一些。六人桌位置确定后，基本上就能确定美工区、益智区，因为美工区、益智区是唯一必须用桌子的区域，而且这两个区相对安静，可以安排在活动室前半部分。

第二步：确定各个活动区的空间位置

教师首先要根据各个活动区的特殊需要在现有的活动室空间内为其寻找最佳的位置。例如，美工区经常需要水，所以它最好离水源近一些。科学区、生物区需要自然光线，而且要便于将活动延伸到户外场地，因此，最好选向阳的一面，并能方便地通往阳台、院子等处。娃娃家可以设置在角落，给幼儿更充分的安全感。在设置各区域时应注意以下问题：

（1）动静尽量分开，即区分闹区和静区，避免相互干扰。有些区域幼儿活动量小，需要安静，而有些区则比较热闹，容易喧哗。因此这两类活动区最好离得远些，以满足各自的需要。一般可把闹区（建构区、角色区）安排在后半部，安静的语言区安排在前半部。室内空间不足的情况下，可不设置表演区，或是设置在活动室外，因为表演区噪音最大，干扰性最强，而且它的价值能够用其他区域替代。

（2）活动室内的"交通路线"力求畅通无阻，以避免幼儿在活动时产生拥挤、碰撞等情况。为此，活动室中央和各个门口最好不要设置活动区。

（3）最好留出一块供集体活动用的场地。当然这个场地不一定非要单独开辟，如果有的活动区能够容纳下所有的幼儿则完全可以代替。

（4）出于安全的考虑，应避免出现"死角"，即教师视线不能随时看到的地方。

第三步：确定各个活动区的空间面积和隔断高度

位置安排好以后就要考虑区与区之间隔断的封闭性程度。区域之间要有适当的"封闭性"，避免因"界限"不明确而产生消极影响。可以利用各种玩具柜、书架、地毯等作为各区的分界线或屏障，同时又要考虑各区活动的方便程度。

一般小班活动区的封闭性要强些，可设置一个比较小的进出口，防止幼儿进出时乱

跑,这样相对容易管理,而且在区域里的幼儿不会受其他幼儿的影响。但区域的隔断要注意不能妨碍教师的视线。

在合理安排区域空间面积方面,很多教师经常有这样的误区,即该多给空间的不多给,不该给的又给多了。最常见的是教师给阅读区的空间太大了,使幼儿容易走动和打闹,不利于幼儿安静阅读。另外,美工区需要的空间较大,但是很多教师给的空间不够,六人桌上幼儿的纸往往叠在一块,互相干扰、影响,因此美工区的六人桌最多坐四个幼儿。还有"娃娃家",有时候一个"娃娃家"给的空间太大了,幼儿就会互相干扰,特别是小班,应该多设几个"娃娃家",区和区之间互不干扰,这样比在一个大活动区里摆很多材料效果要好。

第四步:逐一布置各个活动区

各个活动区的布置要充分考虑不同年龄段幼儿的特点和使用时便于操作等问题,同时还需考虑区域活动环境的创设等。具体要点如下:

1. 根据幼儿年龄特征布置区域

小、中、大班三个年龄段的幼儿心理特征有很大不同,小班幼儿需要建立心理安全感,提高自理能力,他们更多采用直观学习方式,即摸到、看到、接触到的才对幼儿有意义。小班幼儿还不会很好地进行社会交往,所以在空间划分时要避免幼儿之间产生干扰,封闭性相对要高。

小班幼儿的社会交往水平低,不会合作、互助、讨论,只是停留在"我模仿你做,你模仿我做,我做了给你"这种简单的合作层面上。所以每个区域里的人数不宜太多,而且区域里的幼儿要避免受到区域外幼儿的干扰。区域里的情境相对要直观、丰富,同时材料的投放必须符合这个年龄段的特点,数量不宜太多,复杂性要低。

中班幼儿相比于小班幼儿,心理发展相对成熟,教师应侧重幼儿形象思维的发展、技巧的应用,所以区域中应提供较多的低结构材料,让幼儿把过去在直观接触中得到的经验,通过低结构游戏加以丰富。每一次游戏时,幼儿都可以通过自身的活动重现过去的经验,重新建构原来的思维,有利于其学习能力的发展。

至于区域的布局,由于中班幼儿交往能力有了明显提高,需要设计初步合作的环境,如"娃娃家"的复杂性可以增强,可以有更丰富的情境,投放的材料的难度也可以更高了,比如拼图的拼片数量可以比小班的多。简单地讲,材料投放要循序渐进、从少到多、从易到难。

跟小、中班幼儿相比,大班幼儿的自我表现欲逐渐变得强烈,所以应该让他们更多地参与活动,例如让幼儿参与区域的布局、区域标识牌的设计等。而且此时也是幼儿社会交往能力和规则感发展的重要时期,所以区域可以更开放,甚至是没有物理的分隔,教师要相信幼儿的自律能力,只要不影响别人,就可以自由选择活动空间。另外,大班幼儿正处于抽象思维初步萌芽的时期,投放材料的难度应进一步提高。

2. 设计各区域内部环境

(1) 通过区域材料的呈现体现环境的暗示性

物质情境一直被认为是学前教育中的"课本",儿童能从环境中获取隐藏信号,环境能够勾勒并暗示出对儿童在特定语境中所期待的行为。[①] 因此,教师应该充分考虑到相对于幼儿发展需求和个体兴趣范围的提示性情境,为儿童规划并及时调整环境,以满足儿童游戏的需求。[②] 例如,在角色区就必须有情境,一个只有材料的区域和一个墙壁上贴有家人的照片、放着窗纱的区域,对幼儿的暗示效果完全不一样。所以在布置区域时,要根据不同区域的要求,通过环境的布置创设情境。

怎么理解暗示的作用呢？比如"娃娃家""角色区"就需要有情境的暗示,如设计的是警察局,就要创设警察局的情境,让幼儿进入区域就能受到情境的暗示。如在搭建区提供相关建筑的照片、模型等,幼儿进入区域就会受到暗示而快速投入相关活动中。

除了情境的暗示,环境布置还要起到教育作用。例如,"语言区"就可以设计一些让幼儿有话可说的情境。比如粘一块 KT 板,板上面写着"看一看,说一说",后面有一个透明塑料袋,让幼儿更换不同的卡,这些卡可以是"看一看、说一说我喜欢的","看一看、说一说我不喜欢的",或者是"看一看、说一说是什么颜色的",旁边地面上可以设一个圆点,这个圆点是讲话的人站的位置,正对面可以有两条线,是给听的人坐的位置,这样的"语言区"环境布置就产生了教育功能,站在圆点上的人是讲的,坐在横线上的人是听的,区分了谁听、谁讲的身份,能够培养幼儿倾听的习惯。同时,在讲的过程中,幼儿可以根据环境指示,按照要求讲,促进其语言能力的发展。

从区域空间大小对幼儿行为暗示的角度讲,阅读区空间不能太大,否则易使幼儿走动、打闹,不利于幼儿安静阅读。教师还把要求、常规、目标提示在显性的环境中,时刻提醒幼儿遵守游戏的要求、活动的常规,以此帮助幼儿在区域活动中形成良好的活动习惯。

区域环境创设也可以运用于座位的暗示,若座位面向墙壁,幼儿就有可能面对墙壁就座,这样可能就不能促进幼儿的交流与合作。因此,教师在布置座位时应考虑到幼儿的发展需求和环境的暗示性。

另外,教师还可以在分隔区域的橱柜反面、墙壁和吊挂的网帘上张贴活动内容、步骤图以及过程性记载图片来反映区域活动的内容和记录活动痕迹,如图 4-1 所示。幼儿能从所创设的区域环境、所提供的区域材料上获得大量区域活动的信息,从而使教师的隐性指导始终贯穿活动过程。

[①] Dodge, D. T. The importance of curriculum in achieving quality child day care programs[M]//In B. Hershfield & Selman, K. (Eds.), Child Day Care. New Brunswick, NJ: Transaction, 1997: 129-144.

[②] 甄丽娜. 玩具呈现方式对婴幼儿社交行为影响的研究[J]. 教育探索, 2012(2): 47.

图 4-1 区域分隔处的设计

(2) 将区域活动规则"可视化"

区域中通过环境创设也可以建立规则,培养幼儿自主、自治等能力。例如,有些规则可以通过图画的方式加以形象地表示,使区域活动规则"可视化",提醒幼儿遵守,如图 4-2 所示。比如,为了让幼儿进入"娃娃家"时正确摆放鞋子,提高进出效率,教师可在"娃娃家"入口处的地板上贴上几双小鞋印,鞋跟朝向"娃娃家"的地方,并对鞋印做有趣的设计:将一双双摆放正确的鞋(左右脚正确)画成两个相向而笑的人脸,以提醒幼儿,当你的鞋放成一对好朋友姿势时,左右脚便不会穿错。这样,鞋印不仅是"娃娃家"人数满额的标志,也成为训练儿童生活技能的无言之师。此外,教师还可以经常将图示法应用于有关操作材料的使用和整理的规则中,如此,幼儿在收拾玩具材料时还可以渗透对应、分类的学习。

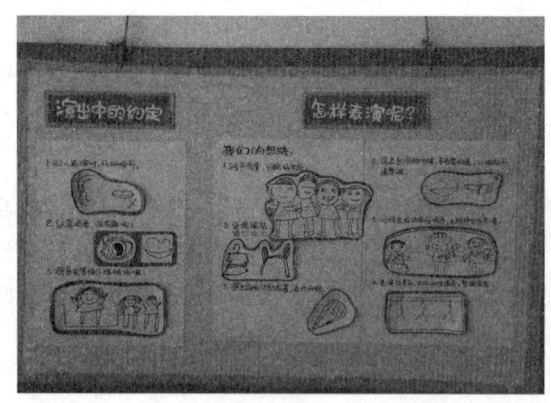 

图 4-2 区域规则"可视化"

环境的创设还可以限定区域的人数,如可以采用进门挂牌、挂项链、控制椅子数、投放适量材料等方法来提醒幼儿遵守该活动区的人数限定。如在美工区,教师可以通过投放适量椅子,提醒幼儿如果发现椅子坐满了就不能再进入了。

3. 避免各类安全隐患

良好的学习环境首先应是安全的。例如，家具的摆放要平稳、牢固，隔断不宜过高，防止幼儿在取放物品时发生危险，投放的玩具和材料最好是不宜损坏的物品等。

区域里呈现的材料应该能让幼儿安全地操作，没有潜在危险，不会使他们受到伤害。教师要结合最新的安全和健康危害知识仔细选择和准备材料，并且随时保持高度谨慎。例如，区域中用过的水箱必须把水排干，否则不流动的水和潮湿的材料会滋生细菌，而且容器也要经过检验的消毒剂清洗，室内用的湿沙要晾干。再如区域中尽量不提供带有小零部件的玩具，如能被拔出的、没拧紧的或者是已折断的小零部件，以免幼儿吞咽而导致窒息。

4. 材料呈现要使幼儿可接近

幼儿区域活动的价值在于其自主建构和发展。教师都希望幼儿能自主获得所需要的材料。在创设区域环境时，必须要仔细考虑可接近性的问题。所有的幼儿，包括那些有特殊需要的幼儿在内，都能够自由地不断接近一些材料和物品。教师在准备活动的时候，必须确信幼儿所需要的所有东西都是可利用的。可以把材料放在低矮的架子上，也可以把物品放在长条桌上。可接近性的另一面就是在特定的活动中，教师如果不想让幼儿使用的东西，需注意投放的时间和空间。如教师不想让幼儿把蛋彩画颜料与面粉混合到一起，就不要把准备用来画画的颜料放在面粉的旁边。

（二）幼儿园区域活动的设计要点

区域活动虽然为幼儿提供了自由活动的机会，但并不排斥教师合理的安排与干预，这样，有助于教师将集体活动、区域活动融会贯通，共同实现主题活动目标。因此，教师还应根据本班幼儿的发展水平、阶段性的主题活动教育目标和主要任务，思考各区的活动内容和具体目标。每隔一段时间，视幼儿的实际需要和学习情况，删除已达到的目标，代之以更高的要求。因此，教师应根据实际教育教学需求，经常变化区域中的材料。

区域活动目标和内容的设计

1. 教师要预设合理的区域活动目标

第一，教师要根据本班幼儿的发展水平，分月、分周地制定区域活动目标。

第二，教师要结合阶段性主题活动目标，并与集体活动相互配合，设计区域活动目标，以便让幼儿在集体活动过程中整合经验，在区域活动和一日生活活动环节中发展经验。例如，生活环节通过让幼儿发碗筷来丰富他们的数学经验，集体教学活动时则整合数概念，区域活动环节再通过游戏帮助幼儿巩固和进一步运用数概念，解决真实问题。

第三，活动目标制定要适度，以免因目标过高使幼儿失去信心，或因目标过低而压抑幼儿创造力的发展等。如在美工区中结合"冬天"的主题让小班幼儿对美丽小屋进行色彩的添画及小雪花的增画，而在大班则可根据提供的多元材料进行意愿绘画。

第四，制定的目标要具体。例如，建筑区的活动目标表达为"培养幼儿的美感和语言表达能力"，这样的目标就不够具体和准确，可以表达成"通过讨论搭建主题，合作搭建,搭建的物体基本稳定"。

2. 内容要服从于目标

目标是创设区域环境、投放材料的依据,也是观察、指导、评价幼儿活动的依据,内容选择应服从于目标。一个目标可以通过不同区域来实施。如小班上学期要提高幼儿手眼协调能力,可能通过穿孔板、喂小动物吃形状饼干等系列活动来达到此阶段目标。有时,一个区域也可以达到几个不同的教育目标,如在"奇妙的口袋"里摸图形、拼图形活动,既是数学形状概念的学习,又是触摸能力的培养。总之,内容与目标一定要相互承接。

区域材料投放的设计

幼儿园的区域活动能够为幼儿提供充分的探索、交往和发展经验的机会,而区域活动中的区域材料发挥着重要的作用,材料投放的质量直接影响幼儿认知、情感和社会性等多方面的发展。因此,教师在投放材料时,需要考虑各种静态性和动态性等因素,以便发挥材料最大的教育价值。

1. 材料的安全性和艺术性

《幼儿园教育指导纲要(试行)》中明确指出:"幼儿园必须把保护幼儿的生命和促进幼儿的健康放在工作的首位。"这足以说明安全工作在幼儿园一日生活中的重要性,所以在投放材料上,安全性应该是第一位的。为幼儿提供的活动材料,应该选择无毒、无味、对幼儿无伤害隐患的制作原料,投放前进行彻底的清洁消毒。定期检查区域材料是否有破损,做到及时发现问题,避免幼儿受到伤害。比如体育区的材料,部分是废旧材料制作而成,这些材料可能会有安全隐患,教师在投放前应统一检查,进行修补或者更换,使幼儿游戏更加安全。再比如美工区或者生活区的小物件材料,要进行统一归放,并教育幼儿不得吞食。

投放的材料要美观,富有艺术性。比较坚硬、原始的材料可用彩纸、丝带等辅助材料进行装饰、改造。如教师在建构区提供了许多大小不一的纸盒、罐子等,供幼儿搭建。为了吸引幼儿兴趣,教师用彩纸进行包装,幼儿很容易被这彩色的盒子吸引,构建房子等就更加积极。如在生活区,练习系纽扣的活动材料,可为幼儿提供深受幼儿喜欢的卡通头像造型的纽扣,在具备教育功能的同时,充分将其艺术性展现出来,以吸引幼儿对活动材料的兴趣,积极投入活动中。

2. 材料的开放性

《3—6岁儿童学习与发展指南》健康领域中建议:"教师应多提供原材料和半成品,让幼儿有更多的机会参与制作活动。"相对于"成品"来说,"半成品"能够给幼儿提供更多的探索空间,更多的动手、动脑的机会。而相对于"原材料"来说,"半成品"又蕴含了一定的线索,可以引导幼儿完成自己的作品,它适应对客观世界缺乏经验的幼儿的水平,体现了材料的开放性,教师应该多制作"半成品",以开放性强的材料鼓励幼儿多样的游戏,体现更多的游戏张力。

3. 材料的操作性与层次性

教师要选用操作性强的材料，充分发挥材料的吸引力，使幼儿在半个小时的区域活动中不感到乏味。不少教师在工作中发现，自己辛苦准备的游戏材料，一到幼儿手上，往往只玩一会，他们就不感兴趣了，以后更是无人问津。所以提供的材料要是受幼儿欢迎的，才会有"生命力"。如美工区，幼儿园摆放最多的就是白纸、蜡笔和剪刀等。这些材料如果没有集体活动的支持，利用率就很低。如果教师在美工区创设了一个"折纸角"，展示一些折纸分解图，提供彩纸，让幼儿经过观察、思考、反复尝试，直到成功折出，哪怕不是很美观，幼儿也会感受到成功的快乐。或在美工区提供花片、毛根等，让幼儿自己动手插花，然后用幼儿自己做成的盆景装饰教室，不仅发展了幼儿的动手能力，更让他们体会到动手操作、获得成功的喜悦。

关于材料的层次性，从材料的加工程度来讲，可为同一个活动区提供原材料、半成品和成品。比如在益智区，提供已经完成的拼图，和部分未完成的拼图，和一些拼图材料，这样有利于不同能力水平的幼儿进行操作探索。在美工区，可以提供未完成的图画，让幼儿自己添画和装饰。比如画个人物的头，又画了眼睛，投放进区，幼儿就可以根据自己的观察和经验，添画鼻子、耳朵、嘴、头发、眉毛等，有的幼儿甚至添画了睫毛和腮红等，幼儿在添画的同时，往往体现更多的自主创造与表达。

4. 材料的针对性和引导性

活动区域中应根据不同年龄特点投放不同层次的活动材料，体现出针对性。如建构区，结合小班幼儿善于模仿的心理特点和小肌肉群不够发达的生理特点，可为他们提供体积大、便于取放、类别相同的建构材料。角色简单、分工明确的娃娃家也应设在喜欢模仿、社会经验欠丰富的小班，以培养幼儿的交往能力。超市购物可锻炼幼儿的分类、计数、交往等综合素质，可设在中大班。医院、邮局、理发店等是幼儿日常生活中经常接触到的，便于幼儿的社会性成长，可设在大班。在美工区，中班准备的材料大部分是半成品和一物多用的成品，让幼儿稍作加工即可使用。而大班则要准备大量未加工的废旧物品，幼儿必须自己动手操作，难度明显增加。在生活区，小班可以设置"我来喂喂你"的游戏，培养幼儿爱的情感，同时设计多种玩法：根据瓶子宝宝嘴的不同大小，找大小不同的"食物"喂宝宝；在瓶子上贴不同的动物图片，让幼儿找不同的动物喜好的"食物"投喂等。

材料的引导性就是指教师提供的材料应能引导幼儿做出"成品"。强调引导性就是要求教师考虑幼儿的实际能力，考虑材料之间的关联，考虑材料所提供的线索对幼儿有什么样的启示，考虑最终要让幼儿获得什么样的发展。使材料具有引导性的关键是找到材料与活动预期结果间的关联。例如，在"制作小汽车"过程中，教师为幼儿提供了轮子、窗户、机身等材料，可以引导幼儿去制作"汽车"而不是其他。但幼儿会在操作过程中遇到这样的问题：有很多轮子、窗户、车身，到底哪个是合适的，要一个一个去试吗？这就要求教师把每种汽车的配件分开摆放，如消防车、警车、救护车、火车等。而且这些配件必须有明显的标志,让幼儿一看就知道是什么车上的,如果都是常见的小汽车,幼儿拼装一辆后就会失去兴趣。

5. 材料的动态性和开放性

材料本身是静态的,但如果教师能细致地考虑材料的呈现方式,能根据幼儿的需求及时增补或调整,就能体现出材料的动态性和开放性。

(1) 材料的添加

只有新的东西才会带来新的发展、新的提高。当原有材料使用方式较为固化后后,教师可以采用添加的方法,可递进或拓展游戏的内容和目标。如教师在中班上学期时,在生活区投放了串珠的材料,当幼儿掌握了按照模式串珠方法后,中班下学期,教师就可以投放与之类似的材料,如不同颜色的木块、石头等。

(2) 材料的组合

区域里应随主题活动的变化而不断投放新的材料,这些材料有的是教育活动的延伸和升华,有的是根据幼儿的年龄特点和发展需求精心制作的。比如小班开展"夏天来了"主题活动时,幼儿从家中带来了各种空调、电扇的模型和扇子。这些材料可以投放在美工区,引导幼儿观察,并且画一画空调、电扇,用小手折一折简单的扇子,或者制作一把扇子;也可以投放在科学区,引导幼儿说一说在什么时候或者怎样使用这些电器,使用这些电器应该注意什么问题等。

(3) 材料的回收

各种废旧材料都能在幼儿手中充满创意。用烟盒做成汽车,用汽水瓶盖做成轮胎,用纸杯做成五彩的花,用碎纸片装饰图画,用废报纸做娃娃的头发或裙子,用一次性碗装饰成可爱的帽子,用橡皮泥做成糕点……这些作品都是幼儿辛勤劳动和智慧的结晶,更是幼儿自主自信的表现。如何尊重幼儿的作品,如何鼓励幼儿的创造劳动?就是将幼儿这些稚嫩的作品回归于幼儿的平时生活中,为环境和区域游戏活动增添绚丽的色彩。娃娃家摆放幼儿做的"糕点",美工区张贴五彩花,建构区搭建高楼大厦,为烟盒汽车做条宽宽的马路……这些都成为班级环境中一道靓丽的风景线。所以材料的回归,不仅充分利用了资源,还能美化教室环境。更重要的是将环境还给幼儿,使活动延伸,给幼儿创造出更多与环境互动和交流的机会。不仅如此,还为幼儿提供作品展示的平台,幼儿可以自发地相互学习、评价和反思,促进了幼儿的后续发展,使活动走向开放,而不是完结。看到自己的作品展示在区域环境中,还能满足幼儿的成就感,让幼儿从中体会到游戏的快乐,从而逐渐建立班级归属感。

第五章　幼儿园户外活动实践

1. 幼儿园户外环境如何发挥支持儿童学习与发展的作用？
2. 幼儿园户外活动有哪些组织形式？
3. 幼儿园户外活动的设施、设备有哪些基本类型？
4. 如何观察并支持幼儿户外游戏？

一、幼儿园户外活动实践内容

内容一:绘制户外活动空间布局图(包括地形、地貌等)并对其进行分析评价

内容二：分析评价户外活动设施、器材投放与使用情况
（设施、设备名称，数量，幼儿使用率，幼儿使用方法等）

内容三：选择1~2名幼儿为对象，观察并记录幼儿户外活动流动路线图，并根据户外活动流动路线图评析幼儿园户外环境流动路线的设计，尝试分析该幼儿户外活动的特点。

内容四：观察、记录并评析教师户外活动组织与指导行为
（教师组织活动的方式，指导中的站位、语言、态度、支持方式等）

内容五：观察并记录幼儿户外自主游戏，并尝试分析幼儿户外自主游戏水平				
观察时间			观察对象	
选择观察对象的原因				
观察工具				
观察方式				
观察时长				
过程记录				
幼儿行为描述				
幼儿行为动机分析				

幼儿发展水平分析
（认知、动作技能、社会性、情感、解决问题能力等）

支持策略及效果

我的收获

二、幼儿园户外活动组织与实施的操作要点

（一）户外活动前的准备

1. 户外活动场地的布置

户外活动时配班教师或者保育员要提前查看场地，布置好相关的器材，检查大型玩具是否安全、有无危险。若发现有安全隐患，则要调整户外活动的内容。

2. 幼儿活动前的准备

（1）提醒并组织幼儿如厕，务必让每个幼儿真的"排空"，即使个别幼儿暂时没有"尿意"也要带幼儿去，以保证户外活动时幼儿教师能够照顾到所有幼儿的安全。

（2）让幼儿喝水。户外活动时，幼儿的运动量增大，排汗增多，喝水可保证幼儿足够的饮水量。夏季，有的幼儿进行户外活动时还需再补充水。

（3）检查幼儿户外活动时的"装备"，如衣服、鞋子等是否便于幼儿活动（冬季户外活动时切忌衣服过多，夏季户外活动时不宜穿硬底、硬带塑料凉鞋），是否带了可随时擦汗的小毛巾。

（4）至少有两位幼儿教师组织户外活动，应对突发事件时，既能保护全体幼儿的安全，还能处理好紧急情况。

（二）户外活动过程中的组织与指导

1. 户外集体活动的组织与指导

户外集体活动的主要任务是学习与练习走、跑、跳、投掷、平衡等基本动作。户外集体活动有以下两大类：

第一类是园内集体游戏。对于小班幼儿来说，他们更喜欢有故事情节的集体体育游戏，如"小孩小孩真爱玩""老鹰抓小鸡""老狼老狼几点了"等。在组织这类游戏时，幼儿教师要注意：第一，要有足够宽敞、无障碍的场地。第二，多安排几处幼儿可以藏匿的"安全岛"，以避免踩踏、碰撞事故的发生。第三，按由静到动、逐步提高活动强度的原则组织活动，避免幼儿因过度兴奋、不听幼儿教师的指挥而造成摔伤、磕碰等意外。第四，要随时表扬守秩序的幼儿，强化幼儿正确的户外活动规则。

第二类是集体远足、到田间采摘、春游及秋游活动。这类活动需要特别的准备方案，须报批上级教育主管部门同意后才能实施，并且最好有家长陪同。走出活动室、走出幼儿园，面对广阔的大自然，幼儿有一种无拘无束的感觉，很容易激动，放松的同时也很容易产生不安全的因素。活动前，幼儿教师必须对幼儿进行专门的安全教育，提前教给幼儿具体的方法，如走路时怎样才能不掉队、怎样才不会撞上别人和车辆、怎样过马路、怎样上下公共汽车等。在外出活动时也要多配备一些人手，保证队伍的前后和中间都有幼儿教师照应。在选择远足路线时，要避免频繁地穿越马路，尽量在设置红绿灯的路口过马路。幼儿过马路时要有幼儿教师站在十字路口阻挡横穿的车辆等，杜绝安全隐患。

2. 户外自由活动的组织与指导

户外自由活动以愉悦身心、促进身体机能协调发展为主要目的。户外自由活动包括以下两类：

第一类是以动作发展为目标的体育活动，如玩滑滑梯、走荡桥、荡秋千、压跷跷板等，或者玩纸球、沙包、毽子、拉力器、滑板车等，此类活动主要依赖于大中型活动场地。首先，要求幼儿教师检查所提供场地及器材的安全性，确保幼儿安全。其次，要求幼儿明确玩的秩序性，排队等待是必需的。最后，加强看护，在玩大型玩具时，幼儿因兴奋过度或者动作控制不好易发生意外，特别需要幼儿教师根据具体情况密切观察，把控好活动的密度。

第二类是以"三浴"（空气、阳光、水）锻炼为主的综合活动，如玩沙、玩水、玩泥巴、找蚯蚓、捡树叶、过家家等。此类活动以手部的操作为主，尽管安全系数略高但也不能忽视，幼儿可能会因为操作不当而出事故，如玩沙时迷了眼睛、玩水时弄湿了衣服等。因此，幼儿教师不可掉以轻心，在组织活动前要仔细想好各环节应对措施。比如，要提前喷水避免沙尘飞起来迷眼；准备足够的玩沙、玩水工具，避免幼儿争抢；活动过程中提供必要的指导等。

（三）户外活动结束时的组织与指导

（1）户外活动结束前明确给予即将结束活动的信号。户外活动往往是幼儿最喜爱、参与性最强的活动，在活动结束时幼儿往往不愿意立刻结束活动，此时就可能出现权利抗争，教师考虑接下来进行的其他活动环节，而幼儿沉浸于尚未满足的户外活动。因此，建议教师在活动结束的前十分钟，给予幼儿明确的即将结束的信号。

（2）鼓励幼儿自主、合作收纳玩具、器械。教师应鼓励幼儿在得到结束户外活动信号后，自主或合作收纳玩具或器械于相应位置，培养幼儿整理的习惯和意识。

（3）清点人数，确保每个幼儿安全返回教室。结束户外活动后，教师应整理队伍，并清点人数，确保每个幼儿安全返回教室，并携带好个人水壶、衣物、运动器械等物品。

（4）要帮助幼儿整理衣服，清空鞋袜里的细沙等。如果户外活动在沙池、水池、种植园区等区域，教师应提醒幼儿检查自己的衣服、鞋帽，及时更换湿衣服，清理鞋袜中的沙子等。

（5）幼儿结束活动后小便、洗手、喝水、休息。户外活动结束后，教师提醒幼儿回教室后及时洗手、喝水、如厕并适当的休息。

（四）户外活动组织与实施应注意的一些问题

1. 锻炼的强度要适宜

所谓强度，就是单位时间的生理负荷量，常用心率来表示。如幼儿做激烈的追逐游戏"猫和老鼠""骑马杀敌"时，心率每分钟可达180次，而做"老狼老狼几点钟""贴烧饼"等体育游戏时，心率一般在每分钟130～140次。比较而言，前者强度大，后者强度小。

2. 动作练习的数量要足够

数量是指动作练习的时间、距离、次数等数量指标。数量一般与运动负荷成正比，如幼儿在跳跃练习中，由高处跳下的动作练习"小运动员跳水"与连续蛙跳的动作练习"小青蛙捉虫"相比，后者动作的数和量要比前者多且大，蛙跳动作比由高处跳下的动作运动负荷大。

3. 运动密度要适中

运动密度是指运动时间与活动时间的比值。幼儿的身体锻炼与动作练习的生理负荷的域值，如果按照小班 15~20 分钟、中班 20~25 分钟、大班 30~35 分钟，幼儿运动时平均心率 130~160 次/分钟来计算，那么 3~6 岁幼儿合理的运动密度应该为 35%~65%。

4. 自主游戏中鼓励幼儿独立玩，增强自信心

幼儿可独立玩荡桥、秋千、爬绳等活动，通过适应轻微的摆动、颠簸、旋转，促进其平衡机能的发展，锻炼其坐车、坐船等适应外界环境变化的能力，强化幼儿的自我价值感，增强其自信心。

5. 鼓励幼儿合作玩，探究多种玩法

幼儿教师可以给幼儿提供沙袋、呼啦圈、软云梯、轮胎、梯子、垫子等活动器械，鼓励幼儿探究这些器材的多种玩法，发展其想象力、创造力和合作能力。

6. 强化幼儿自我保护意识

幼儿教师在分散活动之前要对幼儿提出问题："今天活动时要注意什么？"让幼儿将安全要求说出来。活动结束后要进行小结："今天的要求我们做到了没有？有没有人受伤？"

7. 在满足自主性的前提下，鼓励同伴协商解决问题

幼儿在户外活动中，更倾向于自由结伴玩，这是幼儿合作能力发展的重要表现。但是，这样也会产生各种问题或困难，幼儿教师应将问题抛给幼儿，以提高幼儿解决问题的能力。

第六章　幼儿园环境创设实践

1. 幼儿园环境创设的主体是谁？为什么？
2. 幼儿园环境创设的目的是什么？
3. 幼儿园环境创设的主要任务和内容是什么？
4. 幼儿园户外环境、室内公共环境和室内环境创设的主要要素有哪些？

一、幼儿园环境创设实践

内容一：静态观察
（1）户外平面图及分析说明

(2) 室内平面图及分析说明
(门厅、功能室、走廊、楼道、盥洗室、活动室区角、主题墙等环境创设分析及说明,可附幼儿正面形象的照片)

内容二:动态观察
(1) 环境(如主题墙、走廊、区域等)与幼儿园主题课程之间的互动关系,教师随着主题课程内容的变化而变化环境的实践行为观察、访谈与记录

(2) 儿童参与环境创设现状描述
（时间、频次、时长，参与创设的内容、途径，儿童参与兴趣等方面）

(3) 家长参与环境创设现状描述
（时间、频次、时长，参与创设的内容、途径、方式、态度等）

二、幼儿园环境创设组织与实施的操作要点

(一) 幼儿园环境创设布局要点

《纲要》明确提出：环境是重要的教育资源，应通过环境的创设和利用，有效促进幼儿的发展。环境与幼儿始终共存，幼儿既可依赖环境也能作用于环境，幼儿与环境相处的方式直接影响他们成长的质量。因此，以幼儿发展为本，创设幼儿发展所需要的教育环境就显得尤为重要。

根据不同的划分标准可将幼儿园环境进行不同的分类：按照幼儿园强调的保教结合、保教并重的特点，我们将幼儿园环境分为保育环境与教育环境；按照环境构成内容的性质差异来划分，我们又可将其分为物质环境和心理环境；如果按照存在的形式划分，幼儿园环境又可分为室外环境和室内环境。

所谓布局要点是指幼儿园各类环境如何设计与规划的问题，幼儿园环境规划与设计的具体要求如下：

1. 园址及周边环境

幼儿园应设在安全、清洁、安静、无污染且人口较集中的城镇居民区。既确保安全，又方便家长接送，避免交通干扰。园舍应有自己独立的建筑基地，地势平坦，场地干燥坚实并且方便排水。

2. 房舍的使用与安排

幼儿园整体建筑应保证活动时有充足的阳光，满足冬至底层满窗日照不少于 3 小时，冬暖夏凉。

(1) 生活用房

生活用房包括班级寝室、班级卫生间（包括厕所、盥洗、洗浴，每班配备 1 间）、底层楼公共卫生间、衣帽贮藏室（每班 1 间）、音体活动室（每楼 1 间）。

(2) 服务用房

服务用房包括医务保健室、隔离室（医务保健室和隔离室相邻为宜）、晨检室（设在建筑物的主出入口处）、保育员值宿室、教职工办公室、会议室、值班室（包括收发室）及教职工厕所和浴室等。

(3) 日常供应用房

日常供应用房包括幼儿厨房、消毒室、烧水间、洗衣房及库房等。

(4) 楼梯

楼梯除设成人扶手外，应在靠墙一侧设幼儿扶手，其高度 0.60 m。楼梯栏杆垂直线净距不大于 0.11 m。楼梯踏步的高度不大于 0.15 m，宽度不小于 0.26 m。

(二) 幼儿园大厅与走廊环境

幼儿园的大厅作为对外开放的区域，在展示幼儿园文化底蕴和教育理念的同时也可增强与幼儿的互动。

在创设幼儿园大厅与走廊环境时,教师要做到色彩不花、元素不乱、材质不脏,从而真正发挥出幼儿园大厅与走廊环境的隐性教育价值。

1. 大厅展示墙

教师可以适当地引导家长和幼儿积极参与搜集各种与展示内容相关的材料,让家长主动参与进来,亦可师生一起动手制作,参与展示墙的布置过程,通过对幼儿作品的展示,为幼儿提供展示自己的机会,与此同时也丰富了幼儿园的教育环境。

2. 大厅景观

幼儿园大厅属于公共开放区域,各园所受其空间限制,在创设景观方面教师需要充分考虑本园实际条件,做出合理的布局安排。在创设此类环境时,要尽量选择轻便且易挪动的材料,幼儿开展各种活动的同时便于整理和更替。由于大厅是幼儿进入幼儿园的第一个活动场所,因此大厅的景观设计必须有一定的趣味性,教师可以根据不同部位的空间、面积、结构等特点结合正在进行的主题教育活动,将复杂多样的结构统一起来,创造出一种美感与教育价值相统一的环境。

3. 走廊展示区

走廊环境所展示的内容必须体现幼儿认知指向的内容。因此依据幼儿的认知水平、学习兴趣点以及主题教育内容来设计环境是非常有必要的。例如,根据小班幼儿的特点,可以在走廊上摆放一些小乐器(如铃鼓、三角铁、串铃等),让幼儿有机会敲打乐器,感受不同乐器发出的声音。对于大班幼儿,也可以在走廊上张贴一些科学家的事迹和成果(如瓦特改良蒸汽机、爱迪生发明电灯等),可以增长大班幼儿的见识。

走廊可以成为展现园所文化的平台,在走廊环境的创设中还需要考虑幼儿园自身的特点,让他人通过环境就能看出幼儿园的文化内涵。例如,在一所以科学为特色的幼儿园中,走廊环境创设可以有介绍动物皮毛的简单内容,如用铃鼓制作"乌龟"的龟壳,在"鸟"的身上镶上人造羽毛等。

4. 班级形象区

这一区域是家长和幼儿每天都会经过的地方,教师应根据幼儿社会化发展的特点对其进行环境创设,例如投放一些幼儿的照片(可以是和家人出去旅游时的照片或参加幼儿园亲子活动的照片,也可以是幼儿平时在园的活动照片),让幼儿能够尝试向爸爸妈妈介绍照片里的自己以及平时在幼儿园的生活;还可以装饰一些班级近期进行的主题活动材料,如与主题相关的资料、主题活动中的作品等,通过环境呈现幼儿园的教学活动。此外,还可进行家园栏的创设,如张贴主题预告、活动目标、家长来稿等内容,实现家园共育。

（三）主题墙环境创设

1. 主题环境创设的步骤

（1）确定主题环创的内容

教师应根据课程主题明确主题墙核心内容，通常课程主题与主题墙内容一致，也可以根据大主题划分为若干子主题，然后根据幼儿需求选择一个关键的子主题作为主题墙创设的主题。

（2）设计主题环创的方案

主题墙创设的方案主要要考虑内容模块及其联系、表征方式、创设先后顺序、创设主体、装饰材料的运用、墙面布局等。

（3）师幼互动完成主题墙饰

主题墙的创设不是一次就可以完成的，主题墙是根据幼儿学习的过程不断丰富的。教师要鼓励幼儿运用自己的方式表征学习过程，鼓励幼儿将学习过程通过可视化的方式融入主题墙创设过程中，让主题墙成为记录幼儿学习、拓展幼儿经验的工具。从这个意义上讲，主题墙创设的主体应该是幼儿，教师应鼓励并引导幼儿成为主题墙创设的主体。

2. 主题墙创设的要求

（1）艺术性方面。教师在进行主题墙设计时，要发散思维设计出新颖的版面，以独特的设计视角给幼儿以美的熏陶，将主题内容与版面设计自然融合是艺术性要求的体现，以此增强幼儿与环境的亲近感。

（2）教育性方面。在这一方面，教师需要将幼儿在活动中的探索过程、家长的参与程度、教师所提供的有力支持作为主体，从而更好地实施教育。

（3）互动性方面。互动性作为最重要的一点需得到教师的充分重视，切忌教师包揽一切的情况出现，在墙饰呈现内容上需要满足以下四点：第一，主题墙的创设主体主要是幼儿和教师，教师要不断引导幼儿将主题墙作为学习的工具和记录学习过程的手段；第二，体现幼儿与同伴的相互学习与合作。主题墙是幼儿参与学习过程的记录、展示，更是儿童交流、分享、展示的工具。第三，主题墙应引导幼儿拓展与主题相关的学习经验，随着幼儿对主题的深入，主题墙将不断被幼儿已获得的信息和将要探索的信息丰富；第四，教师应积极开发和利用社区及家长资源，使其共同参与主题墙的设计。

第七章　见习与实习中的观察与记录

1. 如何确定观察的目标并制定观察计划？
2. 观察有哪些基本程序？
3. 采用哪种方法记录观察结果最合理？
4. 在幼儿园不同形式的活动中观察重点有哪些？

第一节 观察的基本程序和方法

一、观察的基本程序

（一）确定观察目的和目标

实施观察之前，需要明确并阐明观察的目的和目标。这样可以保证观察到的信息有贯穿始终的主题，并且能有效地评价儿童的发展和设计适宜的活动及经验。例如，一项观察的目的可以是：

观察两名分别为3岁4个月和3岁5个月的幼儿在玩小型玩具时的语言发展情况。

目标是对你要观察或评价的具体技能或能力的陈述。它是一种具体的目的，是可观察的。就上述观察目的范例而言，其目标应该是：

通过观察和记录儿童活动过程中的词汇量和词汇运用的准确程度，评价儿童的语言发展状况。

本例中，观察者可以观察并记录儿童的语言，将本次观察结果与儿童在其他情境和活动中的语言运用情况进行比较，以了解儿童在哪种情境中能更为自如地运用语言，并且分析后续支持策略。

需要注意的是，观察目标的确定需要注意以下几点：

① 说明观察的具体原因。
② 观察的行为是可以达到，并能够观察和测量的。
③ 观察与分析有依据，或依据发展里程碑或依据发展常模，或依据某种理论或观点。

（二）制订观察计划

幼儿园观察是一项有目的、有计划的活动，教师需要"观"并"察"。因此，观察前应该做好充分的准备保障观察的效率。实施观察之前应重点思考以下几个问题：

1. 观察的时间

任何人在一天中的不同时间对环境和已有经验可能会有不同的反应。一些人被称为"夜猫子"，因为他们在晚上比早上更加活跃，而一些人则因为早上精力最充沛被称为"百灵鸟"。在幼儿园忙碌的一天即将结束时，幼儿可能会变得疲惫，此时他们对教师的反应也和精力充沛时不一样。选择观察的时间段将对观察的有效性产生重要影响。

2. 观察的活动类型

观察的活动类型往往不被教师关注，或者不会在观察记录中体现。例如，教师确定的观察的目的是观察中班幼儿的社会性技能，观察目标则是儿童运用适宜的沟通方式解决社交冲突。这种观察最好是在幼儿的自主游戏时间进行,室内或室外的自由游戏都可以,但不能选择在成人主导的教学活动时间进行。因为成人主导的活动的重点是促进幼儿某方面技能的发展,这种活动情境限制了幼儿与同伴之间的自然互动。

3. 观察者在场景中的位置

在观察过程中,观察者应时刻保持小心谨慎并敏感地关注目标幼儿及其周围事物,这一点非常重要。幼儿天生富有好奇心,经常会跑过来询问成人在做什么。研究发现,观察时最好是坐(或站)在一个不容易被幼儿看到的位置,抑或是不急于记录所观察到的情况,而是等到幼儿熟悉了观察者的存在并对观察者的活动失去兴趣后再进行记录。

4. 制作观察记录表格

运用一种通用格式作为观察记录表不失为一种好办法,这样可以保证所有重要和必要的信息都包括在内。许多人发现,把需要的所有信息制成清单或表格既方便使用又可节省时间。做观察记录表格时,通常要考虑以下一些信息。

(1) 观察的日期。时间是一个关键的变量,记录前一次观察时间与后续观察时间能对为观察事件提供更丰富的信息。

(2) 观察者的姓名。要说明是谁实施的观察,以备需要跟进或求证时使用。

(3) 观察中用来指代幼儿的名字。这是观察者在整个观察过程中用来识别幼儿的名字或首字母。为了尊重幼儿的隐私权,只要求记录幼儿名字的第一个字母或是化名即可。

(4) 幼儿的准确年龄和性别。必须记录下幼儿的准确年龄,无论是用年和月的形式,还是用月和周的形式,这样就能将其发展状况与发展常模或发展里程碑进行比较,以此来评价幼儿的发展状况。

(5) 观察的起止时间。这一记录很重要,因为它能让观察者了解幼儿的活动共持续了多长时间。

(6) 采用的观察方法。这一记录有助于观察者将来判断这种方法是不是适合这种情境的最佳方法。

(7) 观察的目的。这应该宽泛地、集中地表述观察者想要了解什么。目标必须是能够达到的,并且是可测量的。

(8) 涉及的成人和儿童数。儿童和成人的数量是观察应包括的另一种重要信息,它能够提供观察的总体背景,将有助于分析与评价观察数据。

(9) 场景的简单描述。为了保密起见,没必要提及名字,但有必要简要描述一下场景,这样可以将观察置于背景之中。观察者最好也记录下观察者和教师的角色,因为观察者和教师的角色会影响到幼儿的行为和反应。

(10) 署名。用来确认观察记录是所发生事实的真实记录,这样能增强观察的可信度和真实性。

表 7-1 是对某一 3 岁 5 个月幼儿的观察记录表。

表 7-1　观察记录表范例

观察者姓名	王苗苗	儿童姓名	J
观察日期	2019 年 6 月 25 日		
儿童的年龄	3 岁 5 个月	儿童的性别	女
观察开始的时间	上午 10:00	观察结束的时间	上午 10:10
使用的方法	描述（或叙述）		
儿童人数	3	成人人数	1
观察目的	观察一名 3 岁 5 个月大的儿童在水盘中游戏的情况，重点关注其身体发育情况。		
观察目标	评价 J 的手眼协调能力以及她是否已经形成优势手。		
简要描述观察背景	J 正和两名儿童在水盘中玩。水盘位于某幼儿园小班的杂乱游戏区内。有一名成人和儿童在一起。		
观察证明者	李某某		

（三）开展观察

在参与儿童活动的同时展开观察可能存在一定困难。首先，虽然观察者的注意力能够集中在幼儿身上，但对活动的参与会妨碍观察者记录数据。另外，如果观察者投入地参与儿童的活动，可能会遗漏一些重要的信息。例如，在观察分发游戏材料时，可能就看不到儿童的表情，而这些表情、动作正是社会互动的重要组成部分。幼教工作者在所有的时间都在注视并观察儿童，其中的许多行为都是凭借本能完成的，不可能完整地记录下所有的观察资料。此类观察的结果通常只是一些简单的评论，如"看，他在努力爬上去"或者"不用他人帮忙，她就能写出自己的名字了"。这样的观察经常是无计划的、自发的，但可以包含在有关儿童成就的整体观察记录之中。

（四）观察的记录与分析

观察中的记录和描述是在观察期间发生的事情的真实记录，是用于研究儿童的有效证据。无论采用什么观察技术或方法，观察记录通常要用现在时态来写。记录应该集中在儿童做了哪些与观察者的观察目的和目标相关的信息上，因为不可能把儿童所做的一切事情都记录下来。因此，尽最大努力使观察记录保持集中焦点非常重要。通常，观察记录应包含客观描述儿童行为事件、观察结论、个人评价、教育建议、个人反思、参考书目等信息。

（1）儿童行为事件描述。观察者应尽可能客观、真实、全面地描述儿童行为，不使用任何评价、判断、猜测等词汇。

（2）结论。这是对记录中所描述的现象的总结,应该和目标中的陈述相匹配。

（3）评价。评价应该将观察到的数据与发展常模/发展里程碑或相关的发展理论进行比较。这样,就能够判断自己在结论中发表的看法或观点是否正确。

（4）建议。观察的一个重要作用就是,提供为满足被观察儿童的个体需要而设计并组织活动和经验所需要的信息。基于观察资料和结论提出的建议应该符合观察者的评价,并体现目的与目标。

（5）个人反思。作为优秀实践的一部分,反思并认识到自己从观察中获得和学到了什么,对观察者是很有帮助的。它可以加深观察者对儿童发展的理解,增强对儿童需要的意识,并对所使用的观察方法进行评价:这种方法是否有效? 如果无效,为什么?

（6）参考书目。当观察者把观察和某一理论联系在一起时,就有必要给出参考书目,以便让阅读观察记录的人知道观察者的观点建立在什么基础之上。

二、观察与记录的常用方法

观察需要一定的结构、计划或格式,所有这些都是为了让实践更加完美。观察和记录的格式或方法有许多不同的种类,然而,没有一种方法是完美的,这就需要观察者了解每一种方法的优势和相对的局限性。熟练的观察者会评价不同的方法,并根据观察情形和周围环境选择最适宜的方法和格式。综合运用不同的方法来观察儿童将有助于专业化水平的提高,并使幼教工作者更加认真细致、一丝不苟。在一段时间内综合运用多种方法持续观察儿童不失为一种优秀的实践,这种做法能帮助幼教工作者更全面地了解儿童,这是因为某些方法能更有效地揭示某些领域的发展。例如,在记录具体的身体技能发展时,观察表格要比叙事记录更为有效。

书写记录的方法或形式也有很多种。通常,比较常见的记录方式有对行为事件的客观纯文字描述/叙事、表格记录与分析、图解记录与分析等观察记录与分析方法。这些方法各有优缺点,教师在选择用何种方法记录时需要考虑观察的目的。

下列简要说明这些最常用的观察记录与分析方法。

（一）描述/叙事

这类方法可以包括:持续聚焦式观察、日记或儿童个体发展日志、快照式观察等。

这类方法主要用于收集开放性数据,在结构化和非结构化的情境中都可以使用。这些方法可以用来在短时间内收集信息,其写作应该采用现在时态,从而将儿童正在做的事情生动地展现在读者面前。为了完成叙事观察,观察者必须选好自己的位置,保证能够在儿童没有察觉的情况下观察儿童,同时不会参与儿童的活动。很多人都认为,这一方法是他们最常用的观察方法。

1. 持续聚焦式观察

这一方法是教师根据一定的观察目标对被观察幼儿开展的持续式的观察与记录。

《幼儿园保育教育评估指南》中强调，教师应对儿童行为采用持续式观察。如连续 3 周对某名幼儿进行的持续观察。这种方法能够描绘出某个儿童的整体形象，同时可以运用不同的记录方法，如叙事法，教师还可以采用拍照、儿童作品取样等形式。

优点：

能详细、完整地描绘儿童的发展与成绩；

将来可用于比较；

可以作为儿童一生中某个具体时段的正面记录。

缺点：

必须持续一段时间，因而有时会因人员问题以及环境中的其他变化而使观察难以进行。

2. 日记或儿童个体发展日志

许多幼儿园利用日记的形式建立家园之间的联系。这种方式能让家长感到自己可以参与孩子的评价，同时也向家长表明幼教工作者尊重并重视与家长的合作以及他们的贡献。对于幼儿来说，日记可以为家长记录下关键的日常信息，如要幼儿一天中都吃了什么、睡了多长时间以及参加了什么活动。对于年龄大些的儿童来说，日记可以记录下他们的社会性互动以及行为和学业上的进步。

优点：

在家庭和幼儿园之间建立起必要的、有价值的联系；

允许家长参与自己孩子的评价过程；

形成对儿童的完整印象，因为儿童在家庭和在幼儿园中的行为及反应会有很大的不同。

缺点：

必须定期由家长和幼儿园共同来维持联系；

有时会迷失在两个不同场景之间；

家长可能不接受你对他们的孩子的评价，因此，你需要格外注意自己的措辞，在没有掌握全部事实之前不要作出判断，也不要给出固定的评语。

3. 快照式观察

顾名思义，快照式观察（snapshot observation）指在某一具体时间获得的"即时印象"。这是一种灵活的方法，既可以用来观察一名或一群儿童，也可以用来评价室内有计划的活动。例如，你可能想评价资源的利用情况，那么就可以用图表或书面描述，甚至是拍照（在得到家长允许的情况下）的方式记录下某一具体时间儿童在做什么。

优点：

只需要可以用来书写的地方和工具；

可以是自发的，不需要经常做计划；

提供了可以随后再进行评价的开放性数据；

既可以用于个体观察,也可以用于群体观察;

既可以用于结构性观察,也可以用于非结构性(自然主义的)观察。

缺点:

只能实际地记录很短一段时间内的数据;

很难集中注意力,因为儿童可能会问你在干什么,但如果儿童习惯了你的观察,这一问题就不存在了;

当你书写自己观察到的情况时,可能会漏掉一些情况;

观察结束后要立即写下观察记录,不然可能会忘掉许多信息。

(二)表格记录与分析

这种类型包括事先编码的表格。表格法是托幼机构在记录儿童的进步时经常使用的方法。与描述/叙事法一样,表格法得到了儿童保教专业人员的广泛应用。这种表格应用起来快捷、方便,并且可以在一段时期内使用。它们既可以用来记录结构化的活动,如依据某一具体的技能或发展常模展开评价,也可以在自然的环境下记录常规活动和事件。表格可以用来记录一名儿童的发展,或者对一群儿童的发展情况进行比较。

表 7-2 给出的是用来记录儿童进步情况的表格的一部分。

表 7-2 儿童进步情况记录表格(部分)

儿童姓名: 出生日期:		记录日期: 记录者姓名:	
到 5 岁时	是	否	有时
能自己穿衣服			
能恰当使用餐具			
能坚持单脚站立 10 秒			
能骑不带稳定器的自行车			

优点:

运用起来快捷、方便;

可以用来比较儿童群体或个体的发展水平;

可以在以后的日子里重复使用,以检验儿童的进步;

可以在一段时期内完成(倘若观察者记录下每次增加内容的日期)。

缺点:

仅仅能记录儿童做了什么,而不能记录他们是怎么做的,因此,所收集的是封闭性的数据;

往往局限于发展的某一方面;

记录的数据和信息有限——儿童实际能做的可能比观察记录所描述的更多;

必须事先准备表格,因此,需要计划和设计(尽管表格可以复印)。

(三) 图表记录与分析

图表的类型有饼图、直方图、社会关系网图和流程图等。

1. 饼图、直方图

这类图表比较常见,饼图和直方图可以用来记录一个大的群体或全班儿童的观察结果,例如,你可能想知道全班 30 名幼儿在自觉饮水方面的习惯,再如儿童与教师交流频次等方面。

优点:

饼图能涵盖任何一段时间和数量;

直方图能够记录若干儿童的信息;

易于阅读和解释。

缺点:

要求观察者能够熟练使用信息交流技术;

并非所有人都能轻松地理解图表中的数据,因此,这一方法可能需要一些书面的解释;

需要清晰的目的和结果。

2. 社会关系网图

有些人认为社会关系网图不是真正意义上的观察,因为它没有记录儿童的行为或活动。从社会关系网图中得到的数据可以用来评价儿童的社会群体或互动关系,同时,对社会关系网图的解读能够用来解释一名儿童和另一名儿童交往的可能原因。数据通常被记录在事先设计好的表格中。但一些成功的社会关系网图产生自儿童对自己朋友的绘画中。

表 7-3 给出的是一个社会关系网图的案例。在这一案例中,观察者要求儿童提出或者画出三名自己最喜欢与之交往、一起做手工或游戏的同伴。然而,儿童选朋友的方式很出乎人的意料。例如,他们可能会选择一个最近刚刚邀请自己去旅行的小朋友,而不是经常一起做手工的小朋友。他们甚至可能会选自己害怕的人。

表 7-3 儿童社会关系网图范例

姓名	朋友	朋友	朋友
咪咪	阿宇	宝宝	壮壮
小雪	优优	兔兔	阿宇
妞妞	乐乐	涛涛	宝宝

从表 7-3 中可以得出很多推论,如最受欢迎的儿童、最不受欢迎的儿童、同性朋友等。但是,做这些假设时必须谨慎。在上面的表格中,没有人选择查理,这并不意味着查理不受欢迎,也许,当向儿童提出以上问题时,查理正好不在教室,所以,儿童认为查理不在选择的范围之内。

优点：
是一种可以直接使用的方法；
在观察一个较大的群体时，该方法非常有效。
缺点：
不能自发进行，需要预先做计划；
依赖某一具体时间内在场的儿童的观点；
对数据的解释比较开放，因此，对数据的解释应该经过深思熟虑。

3．流程图

流程图可以用来记录小群体内儿童的社会互动情况，或者儿童在室内的活动轨迹，以显示他们在什么时间参与了什么活动。后一种观察通常要用一个上午或者一整天来完成。图7-1和图7-2分别给出了两种情况的案例。

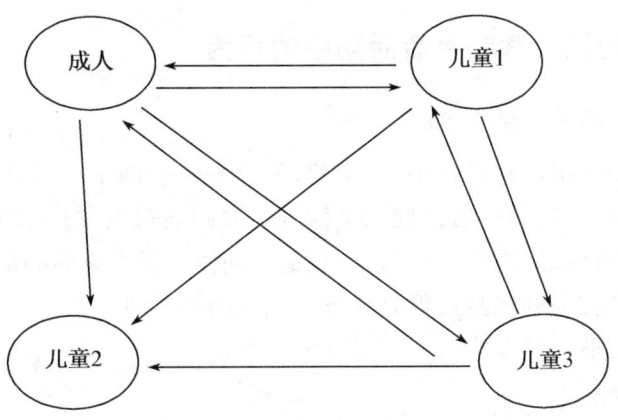

图7-1　小群体互动流程图

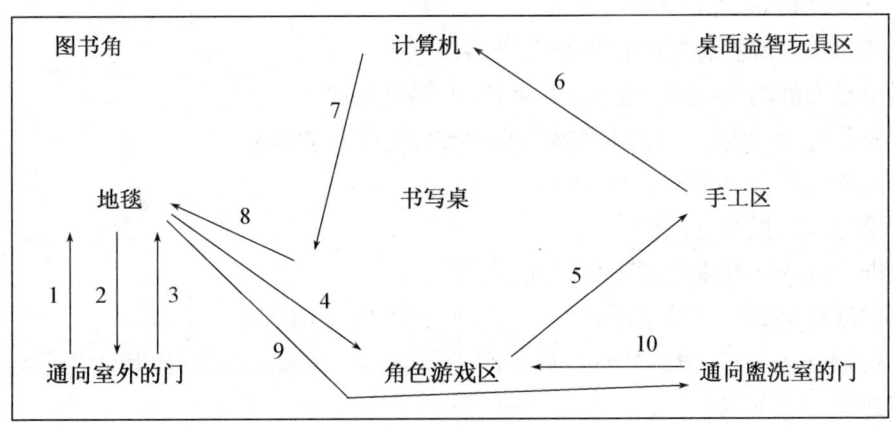

图7-2　单个儿童的行为轨迹图

箭头表明的是一名儿童从进门开始一整个上午的活动轨迹，可以看出，他（她）没有进图书角、书写桌和桌面益智玩具区，由此可以推断出该儿童的偏好、为儿童提供的活动等。

优点：

可以用来评价所提供的活动是否能够满足儿童的需要；

可提供关于儿童活动的完整轨迹。

缺点：

可能会变得很不简练，因而解释起来非常困难；

使用的是封闭性数据；

需要预先精细绘制和设计，因此不是自发行为。

第二节 不同组织形式的活动环节中的观察内容

一、观察与记录儿童在生活活动中的行为

（一）观察与记录进餐行为

幼儿园一日活动中通常包含早餐、午餐、午点和晚餐四个进餐环节，完整的进餐环节还涉及餐前准备、进餐和餐后整理三个部分。教师通过进餐环节的观察可以了解幼儿在饮食习惯、饮食偏好、语言表达与交流、精细动作发展等方面的信息，这些信息可以与其他方面对幼儿行为的观察获得对儿童更加全面的了解。

需要观察的细节：

➢ 进餐环境如何？

在哪里提供食物，教室、餐厅、户外还是另一地点？

谁分发食物，教师还是儿童？

儿童对想要或不想要的食物有选择的权利吗？

环境是安静的/放松的/喧闹的/繁忙的/骚乱的吗？

有充足的食物吗？食物过多吗？儿童可以吃完再要吗？

➢ 儿童对进餐环境有怎样的反应？

接受/焦虑/抵制/挑剔？

他进食时的认真或随意程度如何？

他靠近餐桌的方式是怎样的？（热情地/积极地/胆小地）

➢ 他能吃多少？（很少/两份/很多肉/不吃蔬菜/从来吃不饱/比其他儿童吃得多）

➢ 进餐方式如何？

他怎样抓握餐具？他用手抓饭吗？

他玩食物、扔食物或者把食物含在嘴里吗？

他能有条不紊地进餐吗？

他会弄得乱七八糟吗？

他担心自己可能没吃饱吗？他积攒食物吗？

他坐在餐桌旁感到舒适还是坐立不安抑或紧张？他能否坚持到用餐结束？

➢ 他与别人交流吗？交流程度如何？

他和谁说话？

他还用其他什么方式与其他儿童接触吗？

对他来说，社交活动比进餐更有意义吗？

他努力兼顾社交与进餐吗？

他只与教师、特定的朋友交谈还是不与任何人交谈？

➢ 他对食物表现出兴趣吗？通过何种方式？

他有特殊的好恶吗？

他对食物有何评价？

他的进餐速度如何？

➢ 成人起什么作用？

制订了哪些集体活动安排？

提供了多少以及何种类型的个体关注？

➢ 事件的顺序是什么？

儿童做了什么？说了什么？

成人做了什么？说了什么？

➢ 儿童是如何离开餐桌的？（急切地交谈着/咂着嘴/面无表情地/哭着/非常轻松地向后推开椅子/把椅子撞倒）

➢ 接下来该儿童做了什么？（在教室里跑来跑去，站立着交谈/站着等待老师/拿起书或者玩具/去洗手间/到餐车帮忙整理盘子/到别的碗里找更多的食物）

（二）观察与记录如厕行为

如厕环节是幼儿园一日常规活动中的重要环节。教师通过如厕环节可以了解幼儿适应程度、在园放松程度及对幼儿园的信任、对待身体的反应、如厕习惯与生活自理能力等方面。

需要观察的细节：

➢ 刺激的来源是什么？（儿童自身的需求/模仿朋友/对集体活动的反应/教师的要求/尿湿的裤子）

➢ 该儿童有什么反应，接受还是抵制？（明显需要上厕所，但拒绝使用学校的厕所；大家都去厕所的时候他可能不去；可能高兴地/心不在焉地/迅速地/漫不经心地）

➢ 有紧张或者恐惧的表现吗？（如身体僵硬、抓住生殖器、呜咽等）

➢ 他看上去有多大兴趣？

➢ 他执行如厕程序时的认真或者漫不经心程度如何？

➢ 他如何控制自己？

他的身体协调能力和技能承担得起这项任务吗？

他能胜任吗？
顺利地还是笨手笨脚地？
慢吞吞地还是迅速地？
➢ 他如厕的方式是怎样的？（漫不经心的/过分遮掩的/有暴露倾向的）
表现出性别差异意识吗？对性别差异或者相似点表现出兴趣吗？
如果有的话，他与其他儿童进行了哪些互动活动？
他的语言或做事方式是否表明具有异常的性知识？

（三）观察与记录午休行为

儿童在午休这项常规活动中也有其特定的行为方式。对看护者是否信任、是否接受午睡的安排，体现在幼儿的身体紧张程度和放松程度上。这一点对新入园的儿童尤其重要。同样对于来自就寝时间不规律、就寝环境不佳的儿童来说，午休时间更加值得观察与分析。

需要观察的细节：
➢ 该儿童具体是如何午休的？（由什么引发？）
他自己主动躺下，还是有一个规定的时间？
由教师判定儿童是否困倦了吗？
午饭结束后自动进入午休时间吗？
他看上去明白自己该做的事情吗？
➢ 他有何反应？
接受？（平静地/欣然地）
抵制？（磨磨蹭蹭，说话/没有反应，经常要求去上所，经常要求喝水）
拒绝？（哭，在教室里跑来跑去，跑出屋外）
➢ 他要求成人的特别关注吗？（轻拍他/坐在他旁边带他去单独的房间等）
➢ 休息期间有紧张的表现吗？
是否身体紧张？（做大量的动作/坐立不安）
有自我抚慰的表现吗？（吃大拇指/手淫/摸耳朵）
与另外一名儿童的活动有明显的性暗示吗？
是否需要特殊依恋物？（玩具娃娃/动物玩偶/手帕/毯子/枕头/尿布）
会不时地找借口离开床铺吗？
➢ 他身体需要休息的表现是什么？
有明显的疲劳表现吗？（打呵欠/眼睛发红/爱发脾气/不时地摔倒等）
➢ 他睡觉吗？睡多久？睡得很安详还是有不舒适的表现？
他需要玩点儿东西吗？（书/玩偶等）
如果不睡觉，他看上去放松吗？
➢ 在休息时间，他对班里其他儿童有何反应？
会捣乱吗？（大喊大叫/大声唱歌/跑来跑去/在孩子们的床下爬来爬去/拉扯窗帘/

打扰人家）

有社交活动吗？（与临床的儿童说话，打暗号）

能意识到其他儿童的需求吗？（小声说话/悄悄地走动）

➢ 午休如何结束？

他醒来时的状态怎样？（微笑/说话/啜泣/大哭/疲惫/精力充沛）

他睡醒的时候会做些什么？（安静地躺着/叫老师/冲进厕所/开始游戏）

（四）观察与记录过渡环节的行为

对许多儿童来说，过渡时间要求儿童在活动内容和活动时间方面对自身做出调整。因为儿童并不一定完全清楚幼儿园一天的活动安排，而过渡环节要求幼儿从一种活动转移到另一种活动时，儿童可能会有不自主或焦虑等情绪，儿童处理过渡时间的态度和方式，可以让我们了解他们的气质、成熟状况、时间观念以及自身组织经验的能力等。

需要观察的细节：

➢ 过渡时间是如何开始的？（突然地/平缓地/提醒小朋友还有几分钟就会开始）

➢ 过渡时间的活动内容是持续一致的还是有所变化的？

儿童有指定的任务吗？

教师告诉他做什么吗？

➢ 过渡时间开始后，儿童做了什么（表现得急不可耐/犹豫不定/抵制/失控/想哭/漫不经心）

➢ 他能按照要求完成任务吗？

二、观察与记录儿童使用材料的情况

游戏材料是儿童生活中不可缺少的一部分，儿童对材料的使用效率直接影响儿童在园学习与游戏质量。观察与记录儿童如何处理和使用材料可以反映儿童的兴趣和需求，帮助教师更好地改善教育质量。观察者可以从环境与刺激、儿童使用材料花费的时长、儿童在使用材料时的反应和对教师的反应等方面观察和记录。

（一）观察和记录环境与刺激

需要观察的细节：

环境

➢ 周围有哪些重要的人与活动？

➢ 是否有各种各样的材料？提供给儿童的材料是否充足？

➢ 需要成人监督的数量与种类有哪些？

刺激

➢ 该儿童为何开始使用材料？（教师的建议/集体活动安排/模仿其他儿童/自发的/另外一名儿童的建议）

➢ 他对颜料有何反应？

他使用哪种颜料?

他是否把颜料掺在一起?(在玻璃罐子里/在玻璃杯垫上/在纸上)

纸上的各种颜色是分开的吗?

他是用一种颜色盖住另一种颜色吗?

他能控制颜料吗?

他是否尽力去控制颜料?他是故意让颜料滴下来的吗?

他是把自己限制在一个狭小的空间里还是铺展开来?他是否会在纸面以外的地方涂画?

如果运用形状的话,都有哪些形状?(垂直线/曲线/圆圈/字母/点数字/色块/象征符号等)

他是否在这些形状上涂颜色?

他运用了哪些绘画技法?(刷/点/拖)

画了多少幅画?

他是否画得很快?他是否在一幅画上花很长时间?

他是否给画命名?(具体的/概括的)

➢ 他对黏土做何反应?

他如何用身体控制黏土?(猛击/压/拉开/挤/做成糊状/团成球状或条状/拍/跺/轻拍/抚摩/蹭等)

他是否使用辅助工具?(压舌板/小棍/牙签/剪刀/珠子等)

他是否表征某种事物?(命名/作品的大小/细节的准确性等)

在可以利用的空间内,他如何使用材料?他是在自己的区域内工作还是占用很大的空间?(板子以外/桌子上面等)

➢ 他对积木做何反应?

他选择哪些积木?(积木的大小和类型/辅助材料,如玩具娃娃、小型积木、汽车、木偶等)

他搭建哪种形式的建筑?(高高耸立式/十字交叉式/沿着地板的堆放式的/封闭式的/可以辨认的结构)

他如何利用空间?(拘束地或伸展地/靠近架子/注意障碍物)

他解决问题的灵活性如何?是否尝试不同的方法?是否重复同一种无效的方法?是否反复运用一种成功的解决办法?

他是否一边工作一边用语言表述?

他是否给搭建的物体命名?是否在戏剧表演游戏中使用?是否对主要搭建的过程感兴趣?

是否有重复的主题?主题是否多变和多种多样?

进行搭建活动的同时是否会进行想象游戏?在搭建完成之后呢?

(二)观察与记录儿童使用材料所用的时长和反应

操作材料使用的时间长度可以反映儿童注意力的持久度、感兴趣程度、情感能力、挫折耐受力、对挑战的忍耐力、对新事物的反应等。

随着时间的推移,描述儿童所做的事情及其方式为我们理解儿童的动机和感觉提供了线索。这些线索是伴随着大肌肉动作出现且赋予这些动作一定特征的并非出于儿童意愿的、不受儿童控制的、非指向性的动作和姿势。对每一名儿童和每一个动作来说,它们是独特的,因为没有儿童在不伴有一系列行为的情况下使用材料或者参与任何形式的游戏。因此,当记录儿童的行为及其指向的物体或者人的时候,我们同时也记录下了其他事情。

需要观察的细节:

➢ 我们把该儿童发出的声音和所说的话语包含在内。如果正在使用声音,那么声音是什么样的?大声的、柔和悦耳的、清脆的、抑扬顿挫的、很高的等词语是对声音的物理特征的描述。发抖的、哼哼唧唧的、令人感到安慰的、犹豫不决的、欢快的、冷漠的、不在乎的、不舒服的、沾沾自喜的等词语描述了儿童声音的情感特点。

他说了什么?(可能的话记下原话。)

工作的时候,他会吟诵/歌唱毫无意义的音节或说短语故事吗?

➢ 在该儿童使用材料的时候,记录他的肢体动作。

身体有何特征?(直立的/硬的/弓着背/耷拉着/直的/扭曲的/蹲着)

肢体动作的节奏有何特征?(不平稳的/平稳的/紧张不安的/断断续续的/连贯的)

肢体动作的速度有何特征?(迅速的/缓慢的/谨慎的/悠闲的/快速的/匆忙的/不紧不慢的)

他付出了多少及哪些努力?(大量的/过度的/很少的/中等的/艰难的/轻松的/有力的/无力的)

他在肢体动作中表现出的自由度怎样?(自由摇摆的/小幅晃动的/流畅的/有节制的/犹豫不决的/受约束的)

➢ 辨识面部表情的细节。

用什么描述眼睛?(闪闪发亮/木然/明亮/泪汪汪/一眨一眨)

用什么描述嘴巴?(露齿而笑/轻微颤动/撅起吐舌头/咬嘴唇/张得很大/紧闭)

(三)观察与记录儿童工作时对他人反应

儿童表露出来的情感可能不仅仅是对他们所使用的材料的反应。因此,在记录中,我们也要把看到的儿童对周围人的反应包含在内。

需要观察的细节:

➢ 该儿童在使用材料的时候是否与其他儿童交往?

他意识到周围有其他儿童时的表现有哪些?(与他人说话/展示材料和作品/触摸他人/在戏剧表演活动中使用作品/帮助他人做出评论/招呼大家注意他正在做的事情)

他独自工作还是与其他人一起?
➤ 在使用材料的时候,他与教师的关系如何?
他是否要求教师的帮助、认可或者为他提供材料?
对于教师提供帮助的提议以及教师的建议、参与、规则提醒和限制等,他的反应如何?(接纳/有抵触情绪/漠不关心/不予理会/充分考虑)
➤ 该经历如何结束?
随后发生的事情以及儿童的情感表现是什么?(把东西放回原处把作品放在储存架上/破坏自己的作品/向其他儿童或者教师展示作品/留下所有的东西去参加其他活动/绕着教室跳舞)

三、观察与记录儿童社会交往行为

儿童社会交往行为的观察与记录包含自我意识、与他人交往行为和群体归属感的观察与记录。

（一）观察与记录儿童如何发起交往行为

有些儿童从容自信地走到其他儿童面前,坦率地说:"让我们一起玩吧。"有些儿童则不太自信地走过来,带着胆怯和犹豫不决,以不确定的语气问:"我可以玩吗?"有些儿童走向其他儿童,一言不发地站着,等待有人接受和允许他们参与期待的活动。有些儿童则等不及介绍就直接指导活动:"你当我的乘客,我是司机。"不同气质类型的儿童在交往行为方面会有不同的倾向。观察儿童在社会交往中的方式和倾向,可以帮助教师更全面了解幼儿,并为其提供更有效的教育支持。

需要观察的细节:
➤ 发起交往的时候,该儿童的态度如何?
他是否大胆且咄咄逼人?
他是否友好且令人感到安心?
他是否害怕且悲观地认为会被拒绝?
➤ 他怎样接近别人?
他是否触摸或者推别人?
他是否抚摩其他儿童?
他是否以某种方式向别人示意?
➤ 是否由教师发起整件事?

（二）观察与记录儿童的交往行为特征

1. 身体姿势和动作特征

在相互交往的过程中,儿童经常是先触碰对方的身体,然后问候,或者是因为恐惧而身体发硬,一言不发,或者低着头沉默地站着。头的姿势、手势、身体姿势、身体活动的次数、身体接触(触摸、猛推、推、轻拍、跳跃),这些都是交流的方式。信任与害怕、自信与缺乏信心都可以用身体姿势来表达。同样的,不安、愤怒、镇静和安详,也可以用身体姿势来表达。因此,我们必须记录儿童的身体动作。

2. 声音特点

这是交流必不可少的组成部分。儿童说话的时候,他们的情感状态会在声音中体现出来。

声音是刺耳的/柔和的/不耐烦的/尖锐的/平淡的/带有恳求语气的吗?

声音是抑扬顿挫的/哭哭啼啼的/强势的/洪亮的/紧张的/有力的/颤抖的吗?

3. 语速和节奏

儿童的语言可以让我们了解儿童说话时的速度和节奏。他可能慢慢地拖着长腔说话,也可能磕磕绊绊或滔滔不绝地表述着想法和情感。慢吞吞或者急促可能仅仅是儿童的神经系统组织的结果(通常如此),但也可能是焦虑所致。当儿童担心"说错话"的时候,说话的速度就会慢下来;当他们担心别人不会聆听的时候,说话的速度就会加快。

快速、缓慢、适度——这些是指语速。节奏是另外一回事,是指流畅、结巴或者犹豫。说话的节奏可以是不连贯的,也可以是抑扬顿挫的,或者是流畅的。将速度和节奏结合起来,我们发现儿童的语言可以是快速而流畅的,也可以是快速而结巴的,可以是缓慢而平稳的,也可以是缓慢而犹豫的。节奏和速度共同表现语言的特征。

4. 面部表情

在话语中,面部表情与声音"特征"共同存在。我们一般会认为笑眯眯的眼睛和笑声一起出现,耷拉的嘴角会和眼泪一起出现。这里有一些描述性的术语可以供我们使用:

眼睛:可以是严肃的、愤怒的、放光的、含泪的、笑眯眯的、昏昏欲睡的、明亮的、呆滞的、亮晶晶的。

嘴巴:可以是牵拉的、微笑的、轻微颤动的、带笑意的、皱起的、拉长的、撇着的。

微笑:可以是发自内心的、迟疑的、伤感的、神秘的、无可奈何的、羞怯的、坦诚的、有酒窝的、似笑非笑的。

(三)观察与记录儿童群体归属感情况

每个群体都会形成自己的运作机制,儿童群体亦是如此。儿童的适应期结束后,他们便开始关注自己在群体中的地位。

需要观察的细节:

除了观察儿童与其他儿童的关系之外,我们还需了解该儿童在整个群体中的位置如何。

➢ 整个群体中,该儿童把自己置于何种位置?

➢ 他和任何一个孩子都能玩得很好吗(无论是男孩还是女孩)?还是只和一个孩子能玩到一起?或者和许多孩子都可以?

他是该群体的既定成员吗？他是否正努力融入群体？他是否独自玩？

对新加入该群体的儿童，他有何反应？

该儿童在群体中的地位是什么？（领导者/跟班发起人/捣乱分子/小丑/影子般的存在）

该儿童拥有什么地位？

该儿童是否会被其他儿童选做玩伴？（比如通过游戏）

该儿童被其他儿童选中的频率如何？是否令其他儿童反感？

➤ 该儿童是否被大家接受？是"边缘人"，还是"替罪羊"？

四、观察与记录师幼互动行为

师幼互动的质量在一定程度上决定了幼儿园教育的质量。良好的师幼关系建立在教师尊重、理解儿童的基础上。教师对幼儿的理解与尊重源自教师对儿童的观察，通过持续性的观察与记录，教师才能更有效地研究儿童行为，并对其行为做出适宜的支持，呈现出良好的师幼互动状态。

需要观察的细节：

➤ 在教师宣布集体活动即将开始时，该儿童最初的反应是什么？

接受？（急切地/高兴地/乐于立即中断目前的活动/平静地进行）

抵制？（继续目前的活动/磨蹭/拒绝/抱怨/跑开）

➤ 事件的顺序是怎样的？（音乐时间的内容/步行去班级旅行的目的地/朗读的故事的性质和长度/对项目的指导）

➤ 教师扮演什么角色？（向儿童展示如何运动/阻止儿童相互碰撞/演奏乐器/大声朗读）

➤ 当教师帮助其他儿童，或者与另外一位教师或者家长交谈，或者指导整个班的某项活动，如故事、游戏、音乐等，或者做出解释的时候，对于同其他儿童、成人分享教师，该儿童有何反应？（轻易地接受/不理会打断且要求被关注/生闷气、大哭、发脾气/等待教师回来/耐心但不是无奈地等待轮到自己）

➤ 如果参加活动，该儿童会做什么？

该儿童如何做？（用身体动作、面部表情、话语做出反应/迅速地/冲动地/感兴趣地）

如果不参加，该儿童会做什么？（观察全班同学/扰乱秩序/黏着教师不理会其他孩子/做别的事情/跑出教室）

该儿童对教师的指导做何反应？（木然地/愉快地/不情愿地/任性地/流眼泪/生气地）

五、观察与记录儿童游戏时的情况

幼儿园的主要活动就是游戏，只有基于儿童自身发展需求，儿童自主的游戏才能更真实和自然地体现出儿童各个方面的发展水平。幼儿园的课程源自儿童的需求和兴趣,因此,教师对儿童游戏行为的观察可以为幼儿园课程的选择提供有效依据。

需要观察的细节:

➢ 游戏是怎样开始的?

是由该儿童发起?还是由教师或者另一名儿童发起?

该儿童参与另一名儿童或者另一组儿童正在进行的游戏吗?如果参加,使用什么方式?

➢ 游戏发生在什么地方?(积木区/假扮游戏区/户外)

➢ 行动方式或者事件的顺序是什么?

➢ 关于游戏,该儿童有哪些评论及语言互动?

发生了什么事情?("汽车开进车库。")

每个儿童选择什么角色以及怎样扮演这些角色?("我是医生,我给你扎针。你是婴儿。")

该儿童为那些代表人物的象征性物品配音时使用哪些词语?(吉姆为个木头人"孩子"配音,他大声尖叫:"我要打扮得很时髦。")

➢ 儿童在扮演角色(妈妈、消防员、怪物)时说些什么,包括发出模拟的声音(奶牛的"哞哞"声/火车呼啸而过的声音/野生动物的"呃——"声)?

➢ 参加游戏的其他儿童说了什么?做了什么?

➢ 该儿童在扮演角色时采用了哪些象征性行为?(比如,他拣起一个很小的塑料婴儿奶瓶,拿起一个玩偶,然后坐下。他把奶瓶放进玩偶的嘴里,举着待了一会儿。然后,站起来,放下玩偶,把奶瓶放到架子上,他拿起一个玩具围嘴,给玩偶戴上。)

➢ 该儿童使用了哪些配件?(夹克衫/消防员的帽子/披肩/代表交通信号灯或者食物的彩色立方体等)

➢ 该儿童有哪些可以表现角色情感特征的面部表情、身体动作和声调?(比如,他围着教室疯狂地跑,神色紧张,大声喊着:"着火了!着火了!快拿水龙带!")

➢ 该儿童在游戏过程中,比如制作物品(真实或者想象的)时,是否使用象征性的物品或表演象征性行为?(比如,从空壶中倒咖啡;在用积木搭建的路上移动玩具车或者代表车的东西)

➢ 游戏可以展示儿童源自其所处文化中的哪些经验?

当你完成记录的时候,一定要说明游戏结束的方式。如果是独自游戏,该儿童是如何结束游戏的?如果与其他儿童一起游戏,该儿童是如何离开这个群体的?这就像记录儿童是如何开始游戏或者进入别人的游戏一样,有助于我们理解儿童的游戏行为。

➢ 该儿童是否离开去参加另外的活动?

➢ 如果与其他儿童一起游戏,其他儿童是否先离开?

➢ 教师是否会干扰游戏?(如要求幼儿吃点心、为幼儿讲故事等)该儿童对教师的打扰做何反应?

➢ 该游戏是否会发展成其他类型的游戏?

- 该儿童的参与持续了多久？
- 什么或者谁该对游戏结束负责？
- 儿童如何散去？
- 情感基调是什么？（高兴的/内疚的/绝望的/好斗的/满足的）

主要参考文献

[1] 刘如平,甄丽娜.学前教育心理学[M].西安:陕西师范大学出版社,2012.

[2] 河边贵子.以游戏为中心的保育——从保育记录出发进行解读[M].朱英福,熊芝,译.上海:华东师范大学出版社,2009.

[3] 蔡美忠.跳出传统思维的幼儿园教师实用手册[M].北京:农村读物出版社,2010.

[4] 玛格丽特·卡尔,温迪·李.学习故事与早期教育:建构学习者的形象[M].周菁,译.北京:教育科学出版社,2015.

[5] 尼尔·本内特,休·罗格斯.通过游戏来教——教师观念与课堂实践[M].刘峰峰,译.北京:北京师范大学出版社,2012.

[6] 本特森.观察儿童——儿童行为观察记录指南[M].于开莲,王银玲,译.北京:人民教育出版社,2009.

[7] 乔治·W.加依,柯蕾.建构主义学习设计[M].宋玲,译.北京:中国轻工业出版社,2008.

[8] 卡西·纳特布朗.读懂幼儿的思维:幼儿的学习及幼儿教育的作用[M].刘焱,等译.北京:北京师范大学出版社,2012.

[9] 线亚威.幼儿园主题教育活动精品案例纪实[M].北京:高等教育出版社,2011.

[10] 廖莉,等.幼儿园生活活动指导[M].福州:福建教育出版社,2012.

[11] 安·S.爱泼斯坦.学前教育中的主动学习精要[M].霍力岩,等译.北京:教育科学出版社,2012.

[12] 宋文霞,王翠霞.幼儿园一日生活环节的组织策略[M].北京:中国轻工业出版社,2012.

[13] 卡洛琳·爱德华兹,等.儿童的一百种语言[M].3版.南京:南京师范大学出版社,2014.

[14] 张春炬.幼儿园一日活动指导[M].保定:河北大学出版社,2012.

[15] 刘占兰.聚焦幼儿园教育教学:反思与评价[M].北京:北京师范大学出版社,2009.

[16] 皮连生.教学设计——心理学的理论与技术[M].北京:高等教育出版社,2004.

[17] 林永海.幼儿教育心理学[M].北京:商务印书馆,2011.

[18] 齐放.幼儿园主题活动课程理论与实践研究[M].长春:东北师范大学出版社,

2005.

[19] 徐芬,赵德成.成长记录袋的基本原理与应用[M].西安:陕西师范大学出版社,2002.

[20] 鲍里奇.教师观察力的培养——通向高效率教学之路[M].么加利,张新立译.北京:中国轻工业出版社,2006.

[21] 莫里森,等.设计有效教学[M].严玉萍,译.北京:中国轻工业出版社,2007.

[22] 王小明.教学论——心理学取向[M].上海:上海教育出版社,2005.

[23] 秦金亮.基于证据的学前教育需求与质量研究[M].北京:北京师范大学出版社,2018.

[24] 徐爱新,刘海燕.学前教育专业情境化实践教学组织与实施[M].北京:中国铁道出版社,2023.

[25] 吴华芬.在主题活动中开发幼儿潜能[J].教育科研论坛,2008(05):64.

[26] 虞永平.论幼儿园课程中的主题.学前教育研究[J],2002(06):13-15.

[27] 张青青.生态学视野下的幼儿园主题教育活动研究[D].济南:山东师范大学,2008.

[28] 中华人民共和国教育部.教育部关于印发《幼儿园教师专业标准(试行)》《小学教师专业标准(试行)》和《中学教师专业标准(试行)》的通知[Z].2012-2-10.

[29] Mayer,R. E. The Promise of Educational Psychology:Learning in the Content Areas[M]. New Jersey:Merrill Prentice Hall,1999.

[30] Good,T. L.,Brophy,J. Looking in classrooms[M]. 8th ed. New York:Longman,2000.